教育部科学技术委员会战略研究重

Key Projects on Strategic Studies

U0671108

高校科技国际化
国际经验与中国的实践

杜德斌　张仁开　龚　利　翟庆华　著

Internationalization of
University Science and Technology :

International Experience and Chinese Practice

中国人民大学出版社
·北京·

序

随着科技全球化的深入发展，科技创新已成为经济社会发展的决定性力量、成为维护国家安全和保障国家利益的关键要素，国家之间的竞争正日益转向以科技创新为基础的综合较量，国际科技合作和科技外交正逐步成为大国外交和国际博弈中的重要筹码。高校具有人才多、外部人脉广、国际交流频繁等综合优势，因而成为许多国家和地区参与科技全球化、开展国际科技合作和科技外交的重要主体和依靠力量。

从全球范围看，当代高校科技国际化的发展呈现新趋势和新特点，突出表现为：国际化战略日趋成为高水平高校科技发展的共同选择，高校日益成为一国或地区参与国际科技竞合的重要力量，人才跨国流动成为高校科技国际合作的重要内容，跨国高校科技交流合作的深度和领域不断拓展，发达国家与发展中国家高校科技合作增长迅速。这些新的趋势和特点，既构成了我国高校推进科技国际化的时代背景和全球环境，也为我国高校提升科技国际化的水平和质量、充分利用全球科技创新要素增强核心竞争力提供了重要启示和参考。

当前，我国正按照党的十八大战略部署，加快实施创新驱动发展战略，加速向创新型国家迈进。实施创新驱动发展战略，关键在于以全球视野谋划和推动创新、着力增强自主创新能力、坚定不移走中国特色自主创新道路。正如习近平总书记在两院院士大会上讲话时所指出的，"自主创新不是闭门造车，不是单打独斗，不是排斥学习先进，不是把自己封闭于世界之外"，而是"要更加积极地开展国际科技交流合作，用好国际国内两种科技资源"，要以大国定位、全球视野、社会视角、开放思路谋划创新与科技发展。高校是我国开展对外科技合作交流的生力军，要充分利用高校科技人才多、对外交流频繁、渗透能力强的优势，积极"引进来"、主动"走出去"，着力提升科技国际化水平，实现高校科技人员个人梦想与民族复兴"中国梦"的有机结合。

作为我国基础研究和科技创新的主力军，高校科技在"十三五"时期的持续发展，关系到我国创新型国家建设的全局。"十三五"是我国真正建设成为创新型国家的关键阶段。提高高校科技国际化水平、增强高校利用和配置全球科技创新资源的能力，让高校代表我国参与国际科技竞合，是创新驱动发展战略背景下特别是"十三五"时期我国高校科技发展的重要任务。高校科技国际化，一方面可以引进海外高层次人才到国内高校从事前沿科技研究，另一方面也能让更多的国内科技工作者参与到国际合作之中，了解全球最新的学术前沿和技术进展，对提升高校科学研究能力和人才培养能力、促进我国科技国际化进程、增强我国科技创新实力具有重要作用。

近年来，我国高校参与国际科技合作渐趋活跃，合作领域逐步拓展、合作对象日趋多元、合作形式更加多样，科技国际化水平和质量加速提升，但也面临不少问题和瓶颈制约。进一步促进高校科技的国际化进程，迫切需要理论研究和国际经验的支撑。华东师范大学杜德斌教授的《高校科技国际化：国际经验与中国的实践》一书，以科技全球化为背景，分析了高校科技国际化的概念内涵、动力机制及其发展态势，梳理了发达国家和地区高校开展科技国际化的典型案例及主要经验，研究了我国高校科技国际化的发展成效、存在问题及进一步发展的战略思路和对策建议，对我们进一步开展相关问题的研究探讨具有重要参考价值。期望其他领域的战略研究也能纳入高校科技国际化产生的创新驱动力，期望本书的出版为高校科技事业发展献智献策，为我国实施创新驱动发展战略做出更大贡献。

教育部科学技术委员会主任

2015 年 9 月

目　　录

第1章

高校科技国际化的动力与模式

　　随着科技全球化的深入发展，科技创新已成为经济社会发展的决定性力量、成为维护国家安全和保障国家利益的关键要素。国际科技合作加快了科技创新资源在全球范围内的整合和有效配置，改变了传统的科研组织结构和创新方式，正逐步成为大国外交和国际博弈中的重要筹码。加快科技创新发展、提高自主创新能力，应以全球视野谋划和推动创新，既需要依靠自身的力量，也可以通过开展广泛的国际合作，充分吸收利用全球创新资源。高校承担着培养高级专门人才、发展科学技术文化、促进社会主义现代化建设的重大任务，是中国基础研究的主力军，是促进技术转移和成果转化、解决国民经济重大科技问题的生力军，也是科技创新与国民教育有机融合、培养和集聚创新型人才的主阵地，在国家创新体系建设中具有十分重要的战略地位（薛澜、苏俊等，2007）。面对新的形势和需求，高校应充分认识国际科技合作的重要性，要紧紧抓住世界新科技革命的大好机遇，从国家战略需求和自身发展诉求出发，以更加积极的姿态参与国际科技合作，变被动为主动、从参与创新到主导创新，着力提升国际科技合作的质量和水平，加快增强科学研究和人才培养能力，为实现中国科技创新能力和综合竞争实力的跨越式发展做出新的贡献。基于此，本书以科技全球化为背景，分析归纳了高校科技国际化的概念内涵、动力机制及其基本模式，梳理总结了发达国家高校开展科技国际化的案例，挖掘剖析了世界高校科技国际化的基本模式，在此基础上，就中国高校如何进一步发展深化科技国际化提出了相应的战略思路和对策建议。

1.1　高校科技国际化的概念内涵

1.1.1　高校科技的基本内涵

　　高校科技属于部门科技的范畴。对一个国家的全部科技工作而言，按其条块

1

管理属性的不同，包括区域（地方）科技（纵向）和部门科技（横向）。顾名思义，高校科技就是主要由高等院校所属的科技创新人才团队主导或完成的科学研究、技术开发及相关的支撑性技术工作。

高校科技不同于专业的科研机构的科技，也不同于企业的科技，它有以下一些特点：（1）综合性。高校科技具有多学科、多专业的特点，高校科技活动的社会触角较为广泛，产学研协同创新是其发展趋势。（2）基础性。高校科技以理论研究和实验室研究为主，较多的属于基础科学研究和前沿技术开发。（3）教育性。高校的科研团队担负着科研和教学（培养人才）双重任务，其科技活动的重要使命还在于传播知识、培育人才（秦少华，2012）。

1.1.2 高校科技国际化的概念界定

从科技发展的内外关系的角度看，"国际科技合作"与"科技全球化""科技对外开放""开放式创新"等概念既相互联系又有所区别。因而，要准确把握和界定"高校科技国际化"的基本内涵，首先有必要对"科技全球化""科技对外开放""开放式创新"等相关的概念进行梳理和分析（见表1—1）。

（1）科技全球化。

"科技全球化"概念最早由日本通产省于1990年提出。为顺应科技全球化潮流，日本政府提出一系列国际合作项目，提倡政府开放研发项目，鼓励外国公司参与。经济合作与发展组织（OECD）把科技全球化的发展历程划分为三个阶段：第一个阶段主要涉及技术产品或服务的贸易，可称为国际化阶段；第二个阶段主要表现为跨国公司对外直接研发投资的快速增加，可叫作跨国化阶段；第三个阶段是真正科技全球化的阶段，主要特征是跨国公司研发（R&D）机构的全球布局。2000年《中国科技发展研究报告》认为：科技全球化是指科技活动的主题、领域和目的在全球范围内得到认同，科技要素在全球范围内自由流动与合理配置，科技成果实现全球共享，以及科技活动规则与制度环境在全球范围内逐渐一致的发展过程。王春法（2008）认为，科技全球化主要是指科技活动的全球化，核心内容包括三个方面：R&D资源的全球配置；科学技术活动的全球管理；R&D成果的全球共享。

（2）科技对外开放。

科技对外开放，是一个国家和地区面向其他国家、地区，通过国际间或地区间的科技合作与交流、技术贸易、直接利用外资等形式，开展跨国界、跨地区、跨领域的科学研究、技术开发与产业化活动，以实现科技资源的有效整合与配置，最终实现科技、经济、社会的协调发展。科技对外开放是一国或地区对外开放总体格局中的重要有机组成部分，其最主要的形式之一是一国或地区的科技计划对境外创新主体或外资创新机构开放。

（3）开放式创新。

2003 年切萨布鲁夫（Chesbrough）首次提出"开放式创新"的概念，他认为，开放式创新是创新主体有目的地利用知识的流入和流出来加速内部创新并且通过内部和外部渠道市场化来实现创新的价值的过程。开放式创新是创新的主要模式之一。自熊彼特提出创新的概念以来，当代技术创新的发展经历了技术推动、需求拉动、技术—市场交互作用、集成创新等四个主要阶段之后，目前正进入以开放式创新、协同创新为主要特征的网络模式阶段，技术创新呈现出网络化的发展态势，创新主体之间的相互开放、合作、协同，成为推动技术创新重要的成功因素。

（4）国际科技合作。

国际科技合作是促进科技、社会与经济紧密结合的重要手段。《联合国国际技术转让行动守则（草案）》将国际科技合作定义为：技术供应方、需求方之间跨越不同国境的科学技术合作，或者在不同国家工作的当事人之间的技术合作。联合国教科文组织将国际科技合作定义为：科学和技术知识的共享，即两个或两个以上国家的公民在彼此接受的协议条件下进行的知识交流。中国科学技术部也对国际科技合作进行了界定，认为国际科技合作指的是来自不同国家的研究者、研究机构或者企业之间的合作，包括学术交流、研讨会或其他会议、交换研究成果、合作研究和发表、合作项目、向外国科学家开放科学仪器或大型设施、在实验室之间建立长期合作关系、参与合作国的国家科技计划、在伙伴国建立附属实验室、资助外国的科学技术研究、国际科学技术援助（培训、咨询）、国际技术转让、国际合作研发、在海外建立研发机构等。

（5）高校科技国际化。

根据国际科技合作的一般概念，所谓"高校科技国际化"是指，高等院校通过学术交流、联合研发、引进海外人才等方式，利用自身的人才优势及创新优势，与国外或境外政府、企业、研究机构或是其他高校进行合作的一种协同创新行为。高校科技国际化中的一方主体为高校，其他主体可为政府、企业、研究机构或是其他高校，合作方式包括学术交流、联合研发、引进海外人才等，合作的目的在于高校通过发挥自身的人才资源优势、创新优势等与其他创新主体进行合作交流，实现合作创新效益。

表 1—1   相关概念的区别与联系

	主体（要素）	涉及范围
科技全球化	科技创新活动、创新要素以及制度规则等	跨国或地区，通常具有全球性
科技对外开放	一般是指国家或地区	跨国或地区，双边或多边
开放式创新	通常是各类创新主体，包括企业、大学和科研院所	可以是国内，也可以是国际性的
国际科技合作	可以是国家、地区，也可以是各类创新主体，如企业、大学及研究院所	跨国或地区，双边或多边
高校科技国际化	参与主体是高校，合作对象包括高校、企业、院所以及政府部门、国际组织等	跨国或地区，双边或多边

1.2 高校科技国际化的动力机制

任何客观事物与现象的产生都有其内在的动力与规律，高校开展国际科技合作也不例外。总体而言，高校的科技国际化行为是技术拉动、环境推动、人才驱动和政策促动的必然结果。

1.2.1 技术拉动

科技进步是促使高校开展国际科技合作交流的最根本因素。一方面，随着现代科学技术的飞速发展，科技创新的综合化、复杂化、开放性特点凸显，"大科技需要大合作"，诸如全球气候变暖、能源短缺、生物技术、地质灾害、空间技术和基因技术等问题日益呈现全球化态势，一项科学研究或技术开发很难由某个 R&D 机构或部门独立完成，客观上需要不同国家和不同机构的国际科技合作，只有充分发挥各自相对优势，方可实现技术的有效突破。另一方面，现代科技特别是信息技术、交通技术的发展也为高校开展国际科技合作提供了重要技术支撑，可以说，以指数增加的信息和通讯网络使高校各种国际的和跨国的交流联系与合作成为可能。

1.2.2 环境推动

当今世界是一个开放的世界，开放已成为现时代最为重要的特征。在开放的国际大环境下，国际合作自然不可避免。可以说，国际大环境、科技全球化趋势的推动是高校开展国际科技合作的重要动力。特别是联合国和一些国际性组织所开展的科技合作项目或大科学工程，因其主要致力于共性技术开发，所涉及的领域统筹关系到世界各国的切身利益和全人类的生存发展，因而得到了包括高校在内的各国科技创新机构的积极参与，在极大程度上推动了国际科技合作的发展和深化。此外，一些国际科技社团（如国际宇航联合会、国际电工委员会、世界采矿大会、国际科学联合会理事会等国际组织）所举办的形式多样的国际科技合作活动，如国际科技展览、国际研讨会等，也吸引了高校等的积极参与，为高校开展国际科技合作提供了重要舞台。

1.2.3　人才驱动

人才流动既是高校开展国际科技合作的桥梁纽带，也是高校科技国际化持续深化的必然产物。在知识经济时代，由于各国经济的不断开放以及对移民政策的放宽，特别是对科技移民限制的减少，作为知识重要载体的科技人才，在全球的流动比以往更加便利与频繁。据 2013 年联合国发布的世界移民报告，2013 年全球移民人数达到 2.32 亿人，占世界总人口的 3.2%，而美国则是接纳移民最多的国家。简单地说，全世界每 35 人当中就有 1 个人是移民。在这近 2 亿的全球移民中，有 1.15 亿人流入发达国家，0.75 亿人流入发展中国家。高校是人才最为集中的地方之一，可以说，人才的跨国流动为高校科技国际化提供了诸多机会。

1.2.4　政策促动

政府管理部门特别是科技部门所制定的与国际科技合作相关的各类政策法规，以及其所设立的国际科技合作专项计划，对高校开展国际科技合作交流起着重要的促进作用。政府在参与一些全球性的大科学计划和高投资的国际科技合作项目中扮演着重要角色，其主要通过制定相关政策和制度、资源和资金投入、产业要素的配置等途径影响着高校的国际科技合作行为。在一定意义上，政府因素对国际科技合作发展起着决定性的作用。长期以来，国际科技合作大多是外交政策的重要组成部分，多由政府集中管理。政府根据本国自身发展需要，制定相应的国际合作政策，从根本上影响着其他的相关因素。政府的功能体现在建立与完善法律基础、建设国家相关体系、设计和操作参与国际科技合作的优惠政策、建立健全并维持有效的合作发展的宏观经济政策环境、形成国际科技合作管理体制、建立促进国际科技合作发展的社会基础设施和完善社会服务等各个方面。

1.3 高校科技国际化的基本模式

可以从不同维度对高校开展国际科技合作、推动科技国际化的模式进行分类（张琼，2008）。例如，从国际科技合作的对象属性看，高校科技国际化包括与国外政府组织的合作、与企业的合作、与其他高校或科研院所的合作、与其他机构的合作等。从国际化的基本内容看，可以分为人才国际化、项目合作和战略合作等。从合作的依托载体看，可以分为基于国际科技合作计划的模式、基于产学研合作创新的模式、基于人才培育的模式、基于共同发表科技成果的模式等。本书综合考虑高校科技国际化的对象、动机、依托载体等因素，结合中国高校的实际情况，主要依据合作的内容和形式，将高校科技国际化的基本模式分为人才交流、国际会议、合作研发和基地共建四类（见图1—1）。

1.3.1 人才交流模式

人才交流是指非营利性人才引进或人才输出，包括中国聘请外国科技专家来华或派专家出国进行讲学、技术座谈和咨询等活动，也包括中国科技专家受聘或在国际科技组织、团体（主要指协会、学会、研究会等非营利性学术组织）中任职等。对高校而言，人员交流和联合培养研究生是最基本的合作与交流形式。人员交流和培养主要包括互派留学生、联合培养研究生、专家学者互访以及聘请国外教师等内容（来诗卉，2012）。

1.3.2 国际会议模式

国际学术会议是重要的国际科技信息交换途径。参加或举办国际学术会议是高校参与国际科技合作与交流的重要方式之一。国际会议模式具体可分为三种形式：一是协办国际学术会议；二是主办或承办国际学术会议；三是参加国际学术会议。通过参与国际学术会议，能够直接了解国际科技最前沿的领域和最新的发展动态。主办或承办国际学术会议反映出一所高校的整体国际学术影响力或某一学科的国际影响力以及科研实力。

1.3.3　合作研发模式

合作研发是指由一国的科技人员与他国科技人员，为了同一个科学技术目标，在统一的计划和组织下，通过共同工作或分工协作进行的研究。合作研发可以创造新知识、新技术等学术成果，实质性地提高高校教师的科研能力、培养锻炼科研队伍，因而是高校科技国际化的较高级形式。从合作研发的具体内容和形式看，通常包括合作研究、联合调查、合作开发等，其中，合作研究被公认为质量较高的合作方式，根据研究对象的性质和研究阶段的不同，可划分为基础研究、应用研究和开发研究三类；联合调查是为了解地形、地貌、大气、海洋、矿藏和其他自然资源或其他特定目标共同进行的勘察和调查；合作开发是以利用科研成果为基础，对有明确市场目标的产品或工艺进行的共同开发（来诗卉，2012）。

1.3.4　基地共建模式

联合建设国际科技合作机构（基地）或创新平台，是高校开展国际科技合作的最高级形式，是高校实现可持续国际科技合作与交流的重要载体。联合建设国际科技合作机构指国际合作的各方共同出人力、资金、设备等，共同开办研究机构、创新平台以及各类合作服务组织（如培训中心等）。国际科技合作机构主要包括从事合作研究的联合实验室或联合研究开发机构，以引进外国新技术（品种）为主的示范基地和孵化器，直接引进技术的科技园和产业化基地等等。国际科技合作机构能够发挥建立人脉、获得信息、锻炼队伍和产出成果的作用。通过国际科技合作机构，可以实现联合培养学生、互派访问学者、联合发表学术成果、举办学术成果发布会等国际科技合作与交流的几乎全部功能。

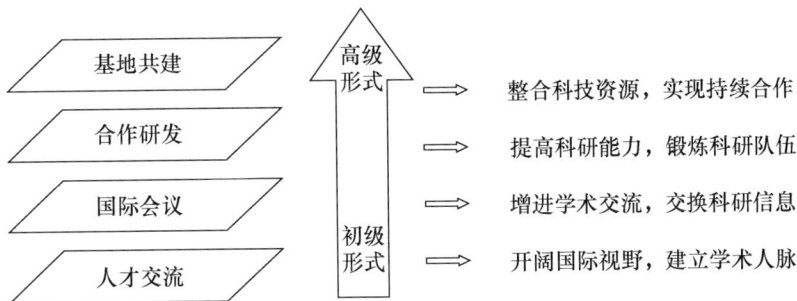

图 1—1　高校科技国际化的基本模式

资料来源：焦汉玮、马军：《北京市高校、科研院所在国际科技合作中的现状分析》，载《科研管理》，2008 年 10 月（增刊）。

第2章

高校科技国际化的发展趋势

2.1 世界科技发展新特点和新趋势

2.1.1 学科交叉融合和技术集成，新一轮科技革命和产业变革初见端倪

现代科学技术的发展，越来越多地依赖学科的交叉融合和技术集成，重大的创新突破更多地发生在交叉学科领域。学科之间、科学和技术之间、自然科学和人文社会科学之间相互交叉渗透，导致众多新学科领域的诞生。近年来，全球科技迅猛发展，世界各国都在寻找新科技革命的突破口。科学技术前沿不断拓展，学科间交叉融合加速、会聚频繁。从前沿科技领域来看，信息、生物、纳米、新能源、先进制造等领域均取得重大突破。信息技术作为科技创新密集领域之一，高性能计算机、量子通信、大数据、集成电路、可穿戴设备等都取得重大进展。如日本富士通公司和日本理化研究所合作开发的全球首款运算速度超过1万万亿次/秒的超级计算机，其运算速度可达1.051万万亿次/秒。中国首台实测性能超千万亿次/秒的超级计算机——曙光"星云"也正式运行。美国科学家新研制出一款穿戴式设备，其像普通的创可贴一样纤薄，不仅能在本地存储和传输与病患的运动情况有关的数据，也能接受诊断信息并将药物递送到病患皮肤内。这是首款能存储信息并递送药物的设备，首次集中实现了对病人情况的监测和治疗。此外，再生医学、生物制药、生物育种等方面也已取得革命性的技术突破，如英国爱丁堡大学的科学家培育出了人体肾脏，而且有望让需要接受器官移植的患者按需培育出自己的器官。美国普林斯顿大学的科学家首次使用人造基因合成出能维

持活细胞生长的人造蛋白质，约翰·霍普金斯大学的研究人员首次人工合成真核生物部分基因组等等。在今后的 5～20 年，这些领域将继续产生重大创新突破，加快新一轮的科技革命和产业变革（徐占忱，2013；杜红亮、冯楚建，2010）。

2.1.2　科学技术加速发展，产业发展趋于生态化

当代科研成果转化为现实生产力的周期越来越短，技术更新速度日益加快。著名的摩尔定理和吉尔德定理验证了技术创新周期加快的趋势，即"单位面积芯片的存储量每 18 个月增加一倍""主干网的带宽将每 6 个月增加一倍"。这充分说明，科学与技术泾渭分明的传统界限已日趋模糊，科技竞争的焦点不断前移。当前，以大数据、智能制造和无线网络为代表的科学技术的发展，正在加快催生新一轮的科技革命（冯飞，2013；白春礼，2013；杜红亮、冯楚建，2010），世界知识生产和技术创新速度明显加快。与此同时，由于自然资源具有稀缺性和不可再生性，产业经济的发展就不能以耗竭自然资源和损害环境为代价，而应谋求与自然环境有机平衡的发展。产业生态化作为获取和维持可持续发展的一种实践手段，旨在倡导一种全新的、一体化的循环模式，即经济系统和环境系统具有高度的统一性，两个系统内各组成部分之间相互依存、不可分割。在世界各国普遍实施可持续战略的背景下，产业的生态化开始逐渐成为世界潮流，从产业发展战略选择、区域产业园区建设到企业的生产技术改造、管理实践，生态化贯穿始终。生态化是人类构筑经济社会与自然界和谐发展、实现良性循环的新型产业模式，是产业发展的高级形态，也必将是未来产业发展的一个主流趋势（杨世伟，2013；郑明高，2011）。因此，科学技术未来的加速发展必将引发产业变革，新型高科技产业相继孕育、产生和发展，产业发展持续趋于集群化、融合化，并向生态化方向发展。

2.1.3　新一轮科技革命和产业变革给发展中国家带来机遇，全球科技创新格局与组织发生深刻变化

新世纪以来，新兴市场国家整体实力加速上升，使原以美国为中心的全球力量架构受到冲击，全球经济重心正在发生"由西向东""由北向南"的转移，全球科技发展版图也出现了同样的大趋势（靳晓明，2013）。从研发资金来看，目前美国年研发支出占全球研发总支出的比例明显下降，已从 1999 年的 38% 下降

到 2012 年的不足 30％；欧盟的这一比例也有明显下降。从研发从业人员来看，近十年，美国和欧盟的研发人员数量增长速度也放慢，其占全球研发人员总数的比例已由十年前的 51％降至 49％。从科技产出来看，美国和欧盟的科技论文产出占全球科技论文总数的比例在逐年下降，已从 1995 年的 69％降至 2009 年的 58％，2012 年 SCI 收录的美国科技论文占世界份额跌至 27.3％。而美国专利局所授权的专利中，美国发明人的占比也在连年下降。从高技术制造业产出来看，美国和欧盟所占全球份额近年来也呈现了下降趋势，并且这种趋势将会持续下去（靳晓明，2013）。从科技从业人员来看，发展中国家不仅在自然科学与工程学领域获得大学第一学位的学生人数不断增长，在该领域获得高级学位的人数也在增长，研发人员数量（按全时当量计算）也在持续增加。从科技产出来看，中国和印度等发展中国家的科技论文产出快速增长，从 1995 年到 2009 年，中、印两国的年均增长率分别达到 16.8％和 6.9％，而至 2012 年，SCI 收录中国科技论文达 19.01 万篇，居世界第二位，占世界份额的 12.08％，仅次于美国。从高技术制造业产出来看，整个发展中世界在全球中的份额同期由 9％提高至 29％。在 1998 年至 2010 年期间，扣除通胀因素，全球高技术产品的出口总额以每年 8％的速度增长，其中中国增速最高，为 19％（靳晓明，2013）。综上可见，发展中国家的科技创新脚步日益加快，正在赶超或已经赶超部分发达国家，并将在国际竞争的舞台上继续前进。同时，科技全球化正在成为经济全球化的重要表现形式，科技创新资源在全球范围内的整合和有效配置，使得传统的科研组织结构和创新方式发生了重大变化。一方面，国际大科学工程研究方式的出现，使得世界范围内的科学家能够在大规模、大尺度或是跨学科的前沿性研究领域开展合作研究；另一方面，跨国公司加速在不同国家建立研发机构，从而成为促进科技全球化的主要力量。

2.2　全球人才流动格局变化趋势

2.2.1　"全球人才环流"愈演愈烈

在当今科技全球化的新形势下，全球人才流动已经不仅仅停留在"人才外流"和"人才回流"的单向流动阶段，"人才环流"已经开始出现，主要表现为国际人才流动的速度加快、流动的周期变短、流向更趋多元化。究其原因，主要表现在以下三个方面：首先是由于教育国际化以及各国为培养国际化人才积极鼓励本国学生出国留学，越来越多的留学生在学成后选择了回国。例如，发展中国家尤其是亚洲部分国家早先出国学习进修或工作的技术人才开始"回归"，而原本为人才输入国的发达国家如今却成为了发展中国家的人才储备库，源源不断地输出优秀人才。第二是世界各国尤其是发达国家大大增加了对科技研发的投入，吸引了大批海外高级人才到其大学和研究机构从事研究活动，科技人员间的交流愈加频繁。第三是跨国公司推动了国际人才环流。跨国兼并在过去十几年里增长了近 10 倍，从而引起跨国公司在全球范围内重新配置管理人员和技术专家，公司内部跨国流动的人员大量增加，同时跨国公司的研发国际化战略使研发人员跨国流动愈加频繁。

2.2.2　留学生成为科技人才流动的主力军

新世纪以来，交通通信技术发展的日新月异，使得全球范围内科学技术的交流和科技人才的流动空前频繁，留学生日益成为世界各国科技交流的重要知识载体。经济合作与发展组织自成立以来，由于市场经济发达、科学技术领先，其成员国一直是留学生流入的最大东道主。经合组织和联合国教科文组织统计研究所的一项研究数据表明，1975 年以来流入经合组织国家的留学生人数稳步增加。2005 年，经合组织国家的留学生中，有三分之二来自非经合组织国家。其中亚洲留学生人数最多，占全球留学生人数的近一半。不仅如此，流入非经合组织国家的留学生人数也在快速增长。例如，中国自改革开放开始逐步招收国际留学生，到 2005 年中国大陆已经有 4 万名外国留学生毕业，6 万名外国留学生入学，近 8 万名外国留学生注册。

2.2.3　亚洲新兴国家人才"回流"

随着亚洲新兴国家经济实力的增强和人才政策的改善，越来越多的海外人才选择回国，亚洲人才的回流初现端倪。自印度政府 2003 年对等承认双重国籍以来，仅 18 个月时间里已有 3 万名科技专才回归印度。截至 2007 年，数年内从美国回到印度的信息产业人才已经超过 6 万，大规模的人才回流给印度高科技产业发展带来了巨大的动力。在 2008 年，中国"海归"人数超过 5 万，比 2004 年足足增加了一倍，人才回流趋势已经十分明显。哈佛大学、伯克利大学和杜克大学 2008 年下半年的一项联合调查显示，中国高学历人才正在寻找机会纷纷回国。此外，新加坡、韩国从上世纪 90 年代开始，人才回流率也开始逐年上升，目前回归率已超过了 50%。新加坡现有常住人口 400 多万，其中有近 100 万是外籍人士，其人才回流率已超过 60%，是亚洲人才回流率最高的国家之一。据统计，新加坡经济增长中有 1/3 归因于外来人才所做的贡献，这得益于其成功的人才战略，新加坡连续多年被评为亚洲地区最具竞争力的国家之一。韩国自上世纪 80 年代开始推行"技术立国"战略以来，用一系列措施吸引海外留学生回国服务，到 90 年代其海外留学人员的回归率逐年上升。此外，韩国每年还有计划地聘请大批外籍高级人才。在经济全球化时代，人才已成为决定一国参与国际竞争成败的关键因素，因而各国都把人才视为最稀缺的战略资源，并千方百计在全球范围内网罗和争夺优秀人才，使得高层次创新人才竞争日趋激烈。

2.3 高等学校成为各国科技创新发展的重要力量

上世纪 90 年代以来，发达国家把促进科技创新作为国家发展的基本战略，把争夺科技制高点作为国家发展战略的重点，把科技投资作为战略性投资。进入新世纪，世界各国对创新驱动比以往任何时候都更加重视，将知识视为与劳动力和资本同样重要的一个生产力要素。美国政府把保持其在科技最前沿的领先地位作为最重要的目标。日本政府 2001 年提出，要以科技创新立国为目标，2002 年又进一步提出知识产权立国的国家战略。韩国政府于 2000 年公布了科技发展长远规划，提出到 2005 年韩国科技地位世界排名达到 12 位，超过其他所有亚洲国家。世界各国都在向创新型国家转型，制定突出本国特色的国家科技发展计划，建立世界级的研究中心，并且扶植本国的企业家，强化科技创新能力是世界各国提升竞争力的首要选择。

在科技全球化浪潮中，高校不仅成为国家创新系统中基础研究最重要的提供者，而且通过与产业界、科技界的互动，在科技、教育、经济、社会等各领域全方位深入地参与到国家创新系统中，多方面提升和强化了国家科技创新能力。美国不仅一直把办好一批世界领先水平的研究型大学作为保持其强国地位的重要战略，而且促进高校科技创新与经济发展成功对接，使美国长期保持快速的发展，成为世界经济的霸主和新的世界中心。美国战后经济增长的 50% 以上应归功于科学与技术创新，以及由此而出现的高新技术产业，其创新的主要力量来自研究型大学。美国斯坦福大学、哈佛大学、麻省理工学院和杜克大学等为硅谷、波士顿、北卡三角园区等区域高科技发展提供了有力的知识贡献和人才支持。在日本政府的科技创新立国国策中，高校成为其国家创新体系中重要的基础创新基地，高校研究开发活动的自主权和机动性大大增强，通过一系列的改革措施，促进企业和高校之间的联合与合作。韩国仅仅在 30 年的时间里就成长为新兴工业化国家，其非凡成就要归功于对科技创新的重视，尤其是对高校科技创新的重视。

科学论文是科研活动的重要产出，高校国际合著论文在一定程度上展现了高校科技资源和知识资本国际扩散的有效路径，体现了高校科学研究国际合作的基本格局。本节主要从世界范围整体、国别、高校三个层次分析科学论文国际合作情况。数据选取自 SCI 数据库，时间跨度为 2002—2012 年（其中，高校比较分析选取 2006—2010 年的数据）。SCI 数据库收录的文献来自经过遴选的、世界权威的、高影响力的学术期刊。

2.3.1　国际科技论文发表趋势

2002—2012 年，世界发表的 SCI 论文总量稳步上升，由 2002 年的 91.12 万篇，增长至 2012 年的 149.99 万篇，增长率为 64.6％。代表国家（地区）各自发表的 SCI 论文数量也呈现不同的增长速度。从各国绝对数量上看，2002 年中国发表 4.01 万篇，排名第六，至 2012 年发表 17.37 万篇，排名升至第二，仅次于美国，排在第三至第五位的分别是英国、德国和日本。从增长率上看，中国发表的 SCI 论文 2012 年比 2002 年增长 333.1％，增长势头迅猛，增长率超过 100％的还有韩国和澳大利亚（如表 2—1 所示）。

表 2—1　2002—2012 年 SCI 论文发表态势

国家（地区）	论文量（万篇）											2012 年比 2002 年增长（％）
	2002	2003	2004	2005	2006	2007	2008	2009	2010	2011	2012	
世界	91.12	95.38	101.29	105.64	113.01	121.27	126.9	131.01	135.09	143.8	149.99	64.6
澳大利亚	2.39	2.57	2.75	2.9	3.21	3.45	3.77	4.05	4.25	4.76	4.97	107.9
加拿大	3.95	4.19	4.57	4.91	5.31	5.55	5.67	5.94	6.03	6.36	6.64	68.1
中国	4.01	4.88	5.69	6.76	8.53	9.72	11.18	12.84	14.39	16.65	17.37	333.1
欧盟	32.78	33.43	35.42	36.8	39.22	42.14	42.95	44.45	45.55	47.23	49.26	50.3
法国	5.33	5.42	5.62	5.83	6.2	6.49	6.96	7.22	7.29	7.75	7.89	48
德国	7.71	7.7	8.21	8.51	8.91	9.71	9.81	10.26	10.45	10.9	11.37	47.5

续前表

国家（地区）	论文量（万篇）											2012 年比 2002 年增长（%）
	2002	2003	2004	2005	2006	2007	2008	2009	2010	2011	2012	
日本	8.17	8.46	8.52	8.55	8.95	8.9	8.89	8.96	8.69	8.29	9.3	13.8
俄罗斯	2.65	2.55	2.58	2.55	2.5	2.69	2.89	2.92	2.85	2.89	3.11	17.3
韩国	1.85	2.11	2.38	2.58	2.89	3.32	3.77	4.15	4.51	4.9	5.11	176.2
英国	8.28	8.46	8.8	9.15	9.62	10.19	10.14	10.44	10.83	1.25	11.73	41.7
美国	32.34	33.91	35.87	36.58	37.41	38.4	39.22	38.69	39.51	42.28	44.1	36.4

2.3.2 科技论文国际合作发展态势

如图 2—1 所示，2002 年 SCI 论文的国际合作量为 15.9 万篇，2007 年、2012 年国际合作量相继增加到 23.0 万篇和 32.6 万篇，表现出科研活动中的国际合作日益频繁的发展态势。

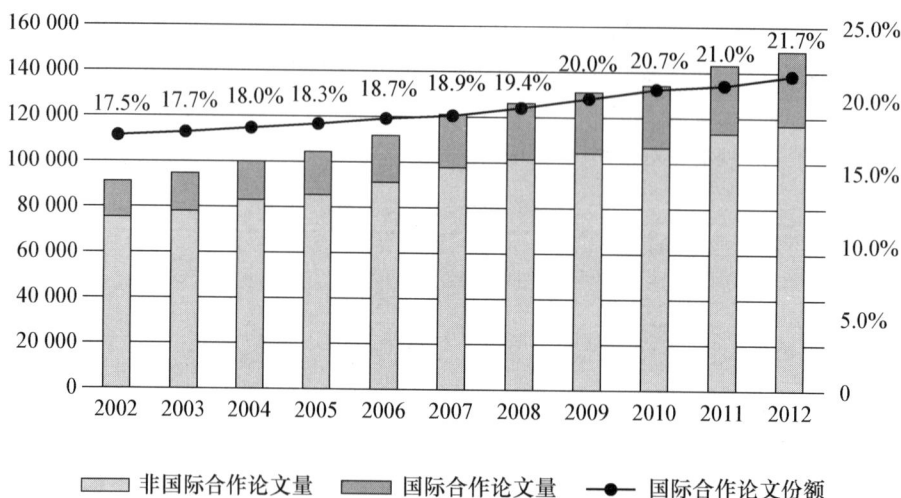

图 2—1 2002—2012 年 SCI 论文国际合作发展态势

2002—2012 年，SCI 论文的总量在持续增加，国际合作科研成果占全球总数的份额表现出逐步上升的趋势。2002 年，国际合作率为 17.5%，2007 年这一比例提高至 18.9%，2012 年国际合作率继续走高，达到 21.7%。由此可见，在全球科研成果总量不断攀升的基础上，国际合作无论从绝对数量还是从相对份额上都呈现出稳步增长的趋势。因此，全球科学研究国际合作的力度在近十余年不断加强。

2.3.3　科技论文国际合作国别态势

2002—2012 年的 11 年间，跨国的科研合作活动不断加强，国际合作水平也在不断提高。整体上，国际合作论文的比例在持续提高，德国、美国、日本和中国的比例均高于世界均值，且稳步增长。

在这 11 年间，德国的科技论文合作水平远高于世界均值，也遥遥领先于中、日、美各国的合作论文合作水平。中国的国际论文合作比例，由 2002 年的低于德国，高于日、美的状态，下行至 2006 年低于日、美的国际合作水平，且差距在不断加大（见图 2—2）。

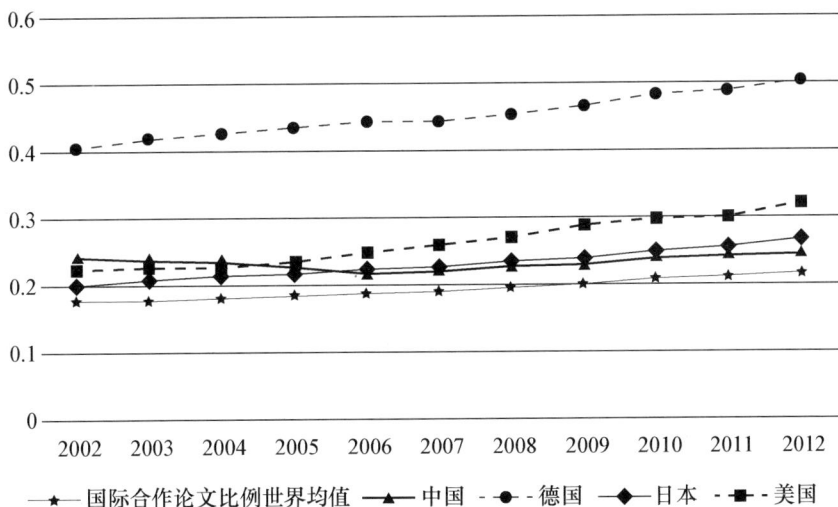

图 2—2　世界主要国家国际合作论文比例

2.3.4　代表性高校的科技论文国际合作比较

本书选取 14 所国内外著名研究型大学作为研究对象，其中国内大学选取清华大学、北京大学、浙江大学、上海交通大学、中国科学技术大学共 5 所大学；世界著名大学则考虑到地域分布及可比性，选取了美国顶尖大学 6 所、欧洲代表性国家英国的大学 2 所、日本的大学 1 所。用 SCI 数据库对上述国家 2006—

2010 年数据进行分析（范爱红，2013）。

从 14 所大学的 5 年 SCI 论文总量来看，哈佛大学遥居榜首，紧随其后的是东京大学、斯坦福大学、牛津大学和剑桥大学。国内 5 所大学的 5 年 SCI 论文总量排名依次为浙江大学、清华大学、上海交通大学、北京大学和中国科学技术大学。

14 所大学中，5 年国际合著论文产出量超过平均值的有哈佛大学、斯坦福大学、剑桥大学、牛津大学和东京大学。其中，美国的哈佛大学以 20 028 篇合著论文远超 14 校平均值；英国的剑桥大学和牛津大学均高出平均值约 6 000 篇；日本东京大学高出平均值约 2 000 篇。国内大学的国际合著产出大都仅有哈佛大学的四分之一甚至更少，排名依次为北京大学、浙江大学、清华大学、上海交通大学、中国科学技术大学（见表 2—2）。

表 2—2　　　　14 所大学 5 年 SCI 论文量、国际合著论文量、国际合著率

大学名称	国别	SCI 论文量	国际合著论文量	以我为主国际合著论文量	国际合著率	以我为主国际合著率	以我为主国际合著论文量/国际合著论文量
哈佛大学	美国	58 250	20 028	5 003	0.34	0.09	0.25
加州理工学院	美国	13 692	6 169	1 489	0.45	0.11	0.24
普林斯顿大学	美国	9 687	3 795	1 062	0.39	0.11	0.28
斯坦福大学	美国	27 903	8 961	2 602	0.32	0.09	0.29
麻省理工学院	美国	19 941	7 650	2 064	0.38	0.1	0.27
耶鲁大学	美国	21 047	6 732	2 050	0.32	0.1	0.3
剑桥大学	英国	24 215	13 173	4 455	0.54	0.18	0.34
牛津大学	英国	24 669	14 486	4 572	0.59	0.19	0.32
东京大学	日本	36 666	10 443	2 994	0.28	0.08	0.29
清华大学	中国	19 194	4 252	2 076	0.22	0.11	0.49
上海交通大学	中国	17 978	3 722	1 785	0.21	0.1	0.48
北京大学	中国	17 798	5 570	2 200	0.31	0.12	0.39
浙江大学	中国	22 286	4 745	2 471	0.21	0.11	0.52
中国科学技术大学	中国	11 686	2 914	1 128	0.25	0.1	0.39
平均值		23 215	8 046	2 568	0.35	0.11	0.35

注：国际合著率：国际合著论文占全部论文的比例。以我为主国际合著率：第一作者为某国家或某机构的国际合著论文占全部论文的比例。

纵观 SCI 论文总量与国际合著论文量，可以看到欧美大学的这两项指标比较一致，例如哈佛大学、牛津大学、剑桥大学、斯坦福大学的论文总量与国际合著量均名列前茅。而一些亚洲高校却往往论文总量指标优于国际合著指标。如东京大学的论文总量居第二位，而国际合著量为第四位；浙江大学的论文总量居第六位，而国际合著量居第十位。除北京大学之外，其余国内高校的国际合著量排名均不及论文总量排名。

国际合著论文中以我为主的论文产出比例从一定意义上反映了各校在该科研领域合作项目中主导性的强弱。14 所大学中，以我为主的科研合著率大都在 10% 上下浮动，只有牛津大学与剑桥大学分别为 19% 和 18%。

国内大学中，较低合著率、较高以我为主合著率的现象比较明显。国内 5 所大学以我为主国际合著论文占国际合著论文总数的比例约为 40%，其中浙江大学最高，为 52%，均高于国外大学同期平均水平。这也从一个侧面表明国内作者对于在合作项目中的作用及署名比较关注，国内高校作者在国际合作中所起主导作用的比重仍须进一步考察其他因素，如国际合著论文总量、参与多国合作大项目的数量等。

2.4　世界高校科技国际化发展趋势

2.4.1　顶层设计引领高校科技国际化

虽然各国政府一般没有设置单独机构对高校的国际科技合作直接负责，但多个国家科技组织具有顶层设计功能以引领高校科技国际化。一般由国家元首负责的科学技术委员会或国会的相关委员会组织，如美国国家科学技术委员会（National Science and Technology Council，NSTC）及国会（科学委员会，商务、科学与运输委员会），日本综合科学技术会议（Council for Science and Technology Policy，CSTP），韩国国家科学技术委员会，英国内阁相关会议，法国议会和科学与技术研究部际委员会。在顶层设计引领下各国政府出台了一系列相关法律和政策，使得高校科技国际化战略层次得到了显著加强。如美国颁布了《美国竞争力法案》，相应的国际合作经费得到大幅提升，为美国高校提升国际科技合作实力提供了法律和资金保障；德国的《基本法》规定的科研学术自由、管理自治、不受外部干扰等原则，为促进高校的发展和提高国际竞争力奠定了法律框架；日本政府积极调整科技政策，提出"科学技术创新立国"政策，并于 2004

年制定了《国立大学法人法》，为大学国际化提供了制度激励，又在 2009 年 5 月出台"加强科学技术外交战略"，确立推进科技外交的基本框架，提升了日本高校在科技国际化中的地位。

2.4.2 大科学项目促进高校科技国际化

在当今这个开放的世界，开放已成为现时代最为重要的特征，国际合作自然不可避免。可以说，国际大环境、科技全球化趋势的推动是各国高校国际化的重要动力，特别是联合国和一些国际性组织所开展的科技合作项目或大科学工程，因其主要致力于共性技术开发，其所涉及的领域统筹关系到世界各国的切身利益和全人类的生存发展，因而得到了包括高校在内的各国科技创新机构的积极参与，反过来又在极大程度上推动了高校科技国际化的发展和深化。在高校积极参与的美国国家基金支持的项目具体国际合作形式中，美国科学家与国外科学家、工程师一起从事研究的计划、项目或者课题经费占美国国际合作经费 90％以上，其中 60％以上用于大科学合作项目（包括高能物理、核聚变、空间科学、天文望远镜、海洋钻探计划），通过国家基金大力度支持的大科学合作项目，提升了美国高校以及其他学术机构的解决大科学问题的能力。积极开展多边合作尤其是重大国际计划和大科学项目的合作，是日本高校科技国际化一个引人注目的地方。如莫斯科的国际科技中心，国际空间站计划，国际热核实验聚变堆计划，人类前沿科学计划，人类基因组计划，智能制造系统计划，这些大科学项目的进行为日本高校科技国际化提供了不竭的动力。

2.4.3 改革人才政策吸引高校国际化人才

各国政府相继进行人才政策改革，以吸引国际化人才。在改革的国际化措施中，最为突出的是对移民政策方法的改革和完善，包括优先引进技术移民，针对科研人才等设立特殊的签证或居留证，并帮助杰出人才获得永久居留权等。人才吸引的专项计划则从科技政策与措施的角度体现了吸引人才政策的重点。

各国人才吸引专项计划主要的措施有：通过设立基金与奖学金计划等资助海外留学生，通过设立奖项、提高待遇等激励研究人员，并为愿意回国效力的优秀人才提供奖金等（见表 2—3）。

表 2—3　　　　　　　　　世界主要国家人才吸引计划

主要措施	国家	措施名称	具体内容
留学计划	日本	30 万留学生计划（2008 年）	在 2020 年吸引 30 万留学生到日本学习，从而降低直接从海外引进高级人才的难度，并鼓励他们留在日本工作，希望能从国际市场上"进口"高端人才。
	加拿大	班廷博士后奖学金项目（2010 年 7 月）	为国内外对加拿大经济、社会和研究发展做出贡献的优秀的博士后研究者提供奖学金，计划在 2011—2015 年的 5 年内，投入约 5 000 万加元，每年资助 70 名国内外优秀研究人员在加拿大从事博士后研究，为每个博士后提供两年的研究基金，每年 7 万加元。
		凡尼尔加拿大研究生奖学金计划（2009 年）	支持在学术方面取得突出成就、达到较高的研究水平，以及具有领导才能的博士研究生，资助领域包括社会科学和人文科学、自然科学与工程、卫生领域等，入选者将连续 3 年每年获得 5 万加元的资助。
		针对相关地区的研究生交流计划	加拿大加勒比共同体领导奖学金计划、美洲新兴领导者计划等，根据交流时间长短（4 个月或 5～6 个月）提供 7 500 至 1 万加元不等的资助。
	韩国	头脑韩国 21 工程（1999 年）	为每个外国留学生提供 32 万韩元左右的奖学金。
		韩国全球奖学金计划（2009 年 3 月）	为学生与研究人员的交流提供资助。
	巴西	"科学无疆界"留学生派遣计划（2011 年）	将在未来 3 年耗资 32 亿雷亚尔（约合 18 亿美元）资助 10 万名巴西年轻人赴国外知名大学学习，其中 7.5 万人由政府资助，2.5 万人由企业资助。
鼓励优秀人才回国的计划	法国	国家级"海外研究人员归国奖励基金"（2007 年）	符合条件的在海外从事专门领域研究的顶尖学术带头人回到法国后，可以拿到 20 万欧元的特殊奖励，同时其家属的工作和保险事宜也将由政府解决。
	韩国	人才回流 500 项目（2012 年）	在 2017 年前，为基础科学研究院引进 500 名国际知名学者和青年科学家，他们所发表论文的被引用次数应排名全球 TOP1% 以内，为其提供教授级别的津贴，给予其研究经费的自行支配权，还给予住房和子女教育等方面的经费资助。
	巴西	博士扎根特别计划	重点资助生物、信息、农业等领域的博士及高级研究人员。旨在通过奖学金和津贴等方式鼓励高级科研人员留在国内企业和科研机构工作。

2.4.4　推进教育改革提升高校国际化水平

过去十年时间，各国政府实行了一系列的教育改革措施来提升高校的国际化水平。2007 年英国政府提出了一整套教育改革方案，力图建立世界级的教育体系，使英国成为全球教育联盟的领头羊。德国推进教育国际合作发展，重点通过学费和奖学金制度吸引外国留学生；同时抓住欧洲和国际教育培训市场的机遇，尤其是职业培训方面的机遇，支持德国教育培训机构参与国际合作，发展职业培训出口的创新和可持续运营模式。日本为使高等教育尽快适应科技政策的重大转移以及经济飞速发展的需要，不断对高等教育进行多方面的改革：调整、充实高等教育机构，使其布局、制度、结构和形式等趋于合理化；创建创新型大学，使高等教育结构多样化；加强基础理论教育，使学科结构趋向多样化；增设新生学科，以适应科技发展的需求；改革和发展研究生教育，培养"技术突破型"人才，包括给予研究生课程更大的独立性，采取灵活的学位授予仪式，课程设置多样化，增加专业门类，等等；实行大学开放制度，逐步完善终身教育体制；扩充育英奖学制度，促进人才培养。特别是，日本注重发挥著名高校在国际科技合作中的传统优势，同时也发挥了新型学校在国际化中的专业特长。

2.4.5　各国高校纷纷加快制定并实施国际化战略

目前，世界各国高校纷纷制定并实施了众多国际化战略。通过对 2013—2014 年泰晤士世界排名前 50 位的大学进行分析，有 25 所大学在使命描述中明确提到了国际化，累计达 38 次，其中 13 所大学拥有单独的国际化战略。高校的国际化战略分别以战略、规划、白皮书的形式出现。

高校的国际化战略管理对于大学应对高等教育国际化的挑战，推进现代大学制度改革，提高自身实力和国际竞争力具有重要的意义。大学国际化战略规划和管理有助于促进大学"明确办学方向，提高办学效率，增强大学适应复杂和快速变化的环境的能力，实现大学的使命"，是大学应对国际化挑战的重要举措。

在制定国际化战略的同时，各国高校的国际合作的一个突出特点是：高校国际化合作正向着网络化方向发展。至 2011 年，海德堡大学已建立了一个科研与教学的全球网络，与世界上 370 所大学有交流计划，显示出海德堡大学所编织的强大的国际网络。慕尼黑大学与世界各地的 400 多所著名高校都有合作，其国际化的区域重点是欧洲、北美洲和亚洲。据东京大学的概要统计，截至 2008 年 5

月 1 日，东京大学与国外学校/机构签订了 100 件校际机构战略合作协议和 7 件校际学生交流协议；在部门层面，签订了 164 件部门机构合作协议和 24 件部门内短期交换留学协议，与共计 49 个国家（地区）签订 295 个国际交流协议，还包括 6 个多边协议。

2.4.6　高校设立大量对外合作中心与驻外机构

目前，各国的高校纷纷到海外建设分支机构，努力利用国际与国内两个市场、两种资源，特别是人才和智力资源，优化资源配置，积极开展国际合作，努力拓宽发展空间，争取确立有利于自身发展的国际地位。

以日本东京大学为例，东京大学在国外设立了大量的分支机构：在中国建立的机构有昆明理工大学生产技术研究所、西藏 AS 伽马射线观测据点、南京教养教育中心、哈尔滨兽医研究所、北京代表所、中科院连携研究室、医科学研究所北京代表处、地震研究所中国办事处、亚洲历史学交流站、社会科学研究所北京研究基地、无锡代表处、榆林学院生态文化回复中心，另外还有众多亚洲国家的分支机构；大洋洲的东京大学宇宙线研究所国际高能天体物理学观测据点；中近东的东京大学医学教育共同研究中心（喀布尔医科大学）；中南美的东京大学宇宙线研究所恰卡塔雅山宇宙物理观测据点；北美洲的包括密歇根州立大学的东京大学奇特核体系海外研究室的 8 个分支；欧洲的包括东京大学伦敦据点的 10 个分支。如果算上正在建设的国外的分支机构，总数多达 141 个。

2.5　对中国高校科技国际化的启示

2.5.1　顶层设计引领，提升高校科技国际化战略层次

高校科技国际化不仅仅是教育部门的职责，它全面考量一个国家各个部门之间的配合度。科技部、教育部、外交部、人社部等诸多部门整体协作才能为高校的国际合作和交流创造良好的环境和条件（薛澜，2007）。国际经验表明，多个国家科技组织具有顶层设计功能以引领高校科技国际化，并且一般由国家元首负责的科学技术委员会或国会的相关委员会组织整体协调高校科技国际化相关事务。在顶层设计引领下，各国政府颁布具有针对性的科技国际化相关方案和政策，显著提升了高校科技国际化的战略层次，促进了管理部门间的协作。因此，

我国在进一步深化高校科技国际化工作中，要从国家利益、民族复兴的全局出发，对现行国际科技合作战略思路进行再认识、再定位，将深化高校科技国际化纳入我国扩大对外开放和国家安全的总体战略中予以通盘考虑。要以顶层设计谋划带动政策创新，以认识提高促进能力提升，引导高校以项目研究、人才派出和引进、基地建设为依托，持续提升和完善国际科技合作的层次、领域、方式与成效。

2.5.2 战略分类指导，协调高校科技国际化发展

在各国高校科技国际化战略分类指导方面：日本在高校国际化中提出针对欧美发达国家、亚洲与非洲国家不同的国际化战略，以不同层次的合作者区别对待的方式，分别加强了与欧美、亚洲、非洲各国的合作。美国高校在培养国际化人才中具有鲜明的战略定位，比如耶鲁大学注重培养具有领导力的国际领军人才，并制定了四年为滚动周期的培养战略，而麻省理工学院则加强对于理工国际精英的塑造。因此，对于中国高校来说，不同类型、不同区域高校对于不同地区国际合作的需求不一样，同一高校不同的院系、学科及科研人员的需求也不一样，高校在推动国际化工作中，要注重分类指导、区别对待，实现高校科技国际化的协调发展。

2.5.3 支持大科学项目，提升高校科技国际化水平

在各科技大国支持大科学项目方面：美国通过国家基金大力度支持大科学合作项目，提升了高校以及其他学术机构解决大科学问题的能力。日本积极开展多边合作尤其是重大国际计划和大科学项目的合作，是其高校国际科技合作一个引人注目的地方。日本高校在合作中比较注重对本国的展示，在合作期间，通过国际学术会议等形式，不仅能够在学问上起到切磋琢磨的作用，而且也提供了把其学术信息传向海外的宝贵机会（薛澜，2007）。与国外高校国际科技合作的开展相比，目前我国高校国际科技合作在很大程度上呈现低水平、小规模合作，因此，能够更多地与其他国家合作、共同承担一些全球性问题研究，并且合作开展一系列大科学研究，对于中国高校提升科技国际化水平变得尤为重要。

2.5.4　加大合作投入，为高校科技国际化提供保障

在投入方面，欧盟通过了博洛尼亚进程和里斯本战略后，高校和科研机构的经费大幅提高，高校合作研究的基础设施等方面的条件不断改善。美国将高校国际合作作为其国际影响力提升的重要组成部分并给予重点扶持，如麻省理工学院 2009 年国际合作经费占科研总经费就将近 8.7％，而国际基金的比重也达到 17％。日本的国际科技合作经费投入占科研经费的 9％，特别是日本京都大学提出要显著提升其国际化水平的"倍增计划"。而中国的高校科技国际化能力及保障条件建设亟须加强，主要表现在：一是缺乏专业化、复合型的国际合作人才团队，既懂专业知识又熟悉国际规则的科技管理和服务人才明显不足。二是高校国际合作的财政经费支持相对不足，国家缺乏对高校科技国际化的长期性、战略性和稳定性投入。目前，国家自然科学基金总经费中，国际科技合作与交流专项经费仅占 4％；科技部、教育部、中科院、中国科协、中国工程院、外专局、工信部等部门对国际科技合作项目也有资金支持，但比例都比较小。因此，我国应加大高校科技国际化相关投入，为其提供服务保障。

2.5.5　优化人才政策，为高校科技国际化提供人力资本

在人才政策的国际化措施中，最为突出的是对移民政策方法的改革和完善，包括优先引进技术移民，针对科研人才等设立特殊的签证或居留证，并帮助杰出人才获得永久居留权等，政府努力为高校国际人才的引进提供便利的移民手续。例如，美国国土安全局规定，受到高校正式聘用的外国公民在申请永久居留权时不受移民名额的限制。对有特殊贡献的学者，还设立移民快速通道。种种措施使得外籍高校教师在工作时的顾虑减少。另外，国土安全局也不断根据各个高校的录取要求调整对外国学生的签证名额，为高校科技国际化提供人力资本。因此，中国高校在开展国际科技合作交流中，要着重优化人才政策支撑体系，力争为高校国际化人才提供具有国际竞争力的引进与支撑条件，为提升高校科技国际化水平提供人力资本支撑。

第 3 章

发达国家高校科技国际化的态势及经验

3.1 美国高校科技国际化态势及经验

3.1.1 美国高校科技国际化的现状

美国高校发表的多机构论文比例从 1990 年的 16％增加到 2012 年的 31％（见图 3—1），并与业界、政府、研发中心和非营利机构进行了广泛的合作，合作速度与同期国际平均水平相比显著更高。在影响作用方面，美国高校科技合作对于科技成果产出的数量和质量均有正向影响。如《科学与技术指标（2014）》指出，

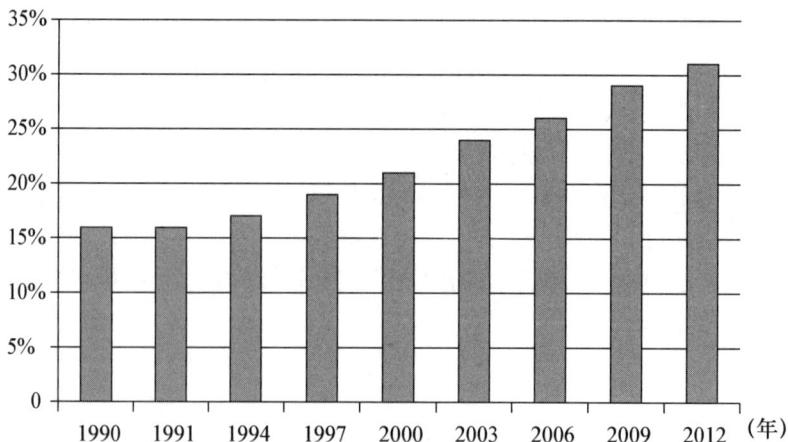

图 3—1　美国高校发表的多机构合作论文比例

从 1997 年到 2012 年，美国刊发的国际合作论文比例从 19％增加到 35％（国际平均水平为 16％～25％），且国际合作论文无论从数量和质量方面都要优于单个作者的论文（National Science Board［US］，2014）。

美国高校科技国际化合作模式包括：高校与高校间的全面战略合作（麻省理工学院与剑桥大学）、高校与高校间关于某研究领域专题的合作（普林斯顿大学与南非大学关于光学天文研究）、高校与国外机构（康奈尔大学与亚美尼亚农业研究院）、高校与国外企业的合作（美国印第安纳州立大学与联想的合作、与日本企业的合作），甚至通过研究人员个人发起并实现广泛的国际合作。合作层级中处于人才交流、国际会议、合作研发和基地共建四个层次中的最高层次的合作占比高，包括建立长期的科技合作机构以及建立科技战略联盟，美国高校在国际科技合作中都占有绝对的优势，且随着合作的深入，其模式演化更加灵活多样。

3.1.2 美国高校科技国际化的战略举措

吸收国外企业资金和人力支持美国高校科研项目。美国联邦政府为高校科学研究实验室拟定了对外开放政策，以吸引众多外国企业投资美国大学的科研项目。全美约 40 所大学提出的工业联络计划有 3 300 多家公司参加，其中 15％为外国公司。据美国《商业周刊》报道，几乎所有的日本大公司、大企业都资助过 1 个或 1 个以上美国高校的科研机构。日本的企业为美国高校的科研机构提供资金，而美国高校的科研机构又为日本的企业提供技术和科研成果。在人员组织方面，依托 IRNC（International Research Network Connection）等项目，外国学者在美国高校进行短期或长期的研究工作已经成为高校研究的重要形式，为美国本土的科研以及与其他国家的合作研究提供了生力军。2006—2007 学年，仅哈佛大学就有 3 612 名外国学者从事学术交流和访问。美国是最大的海外留学生接收国（见表 3—1），外国留学生在获得学位（特别是博士学位）后大部分留在了美国。此外，美国高校培养了大批外籍学生。2012 年度，美国毕业的外籍科学与工程学生就多达 16.3 万人。

表 3—1 10 个最重要的留学生输出与接收国家（地区）

国家（地区）	在国内的外国人										在国外的本国人数
	美国	英国	德国	法国	澳大利亚	加拿大	独联体	日本	意大利	西班牙	
中国	118 962	55 222	25 479	20 852	71 496	39 171	9 189	77 916	2 997	689	547 753

续前表

国家 （地区）	在国内的外国人										在国外 的本国 人数
	美国	英国	德国	法国	澳大 利亚	加拿大	独联体	日本	意大利	西班牙	
印度	94 664	25 901	3 644	1 038	26 520	10 357	4 314	513	627	113	184 801
韩国	69 198	4 031	5 138	2 292	6 270	383	661	23 290	—	92	115 464
德国	8 917	13 625	—	6 918	1 934	119	196	445	1 591	1 830	94 408
土耳其	12 043	2 370	23 881	2 270	319	937	345	166	465	56	65 459
法国	7 058	12 685	5 784	—	1 027	6 325	87	489	1 013	1 884	63 081
独联体	4 911	2 646	12 501	3 347	618	165	—	352	949	817	58 983
日本	34 010	4 465	2 234	1 908	2 974	2 169	146	—	—	148	52 849
美国	—	13 895	3 304	3 228	3 055	9 941	98	1 955	368	651	52 328
马来西亚	5 434	11 727	900	593	18 576	813	2 516	2 012	17	5	51 434

资料来源：Internationalisierung des Studiums-Deutsche Studierende im Auslan-Ergebnisse der 19. Sozialerhebung des Deutschen Studentenwerks durchgeführt durch HIS Hochschul-Informations-System. Herausgeber：Bundesministerium für Bildung und Forschung，2010。

以大科学合作项目为主导，吸引全球资源参加国际科技合作。在高校积极参与、美国国家基金支持的项目的具体国际合作形式中，美国学者与国际科学家、工程师一起从事研究的计划、项目或者课题占美国国际合作经费90％以上，其中60％以上用于大科学合作项目（包括高能物理、核聚变、空间科学、天文望远镜、海洋钻探计划）；其次为技术支持，其经费占6％；运行支持经费占3％；其他形式如国际会议、国际研究合同、联合数据库开发、标准开发和技术转让均分别小于1％。通过国家基金大力度支持的大科学合作项目，提升了高校以及其他学术机构解决大科学问题的能力，并提升了美国的科技创新实力（胡智慧，2009）。

通过人才项目和移民政策网罗国际高端人才。在人才项目方面，比如美国富布赖特项目是重要的政府间正式教育交流项目。该项目创建于1946年，以倡议者富布赖特参议员的名字命名。目前，全世界有100多个国家和地区参与该项目。1985年中美教育交流合作协定正式将该项目纳入教育交流范畴。该项目1999年以前由中国教育部与美国驻华使馆共同执行。1999年开始，在教育部的指导下，该项目赴美学者的遴选、录取、行前集训，来华任教者的国内接受院校安置和集训等事务性工作由国家留学基金管理委员会（CSC）负责。赴美学者的面试工作则由 CSC 协同美国教育交流中心（American Center for Educational Exchange，隶属美国驻华使馆）共同完成。在 1992—2015 年里，共有 508 名学者和研究生赴美学习/进修，359 名美方专家来华讲学。富布赖特项目在中国高校，特别是重点高校中的影响力很大。现每年平均安排 25 位左右的中美双方学者、研究生赴对方国家进行科研工作、学习或讲学。随着改革开放以来中国的飞速发展，该项目的支持重点已经从英语教学和教师培训方面扩展到了其他社会科学专业。

着重资助新的跨学科交叉中心和第三代工程研究中心。2008 年 9 月，美国国家科学基金会宣布投资 1 600 万美元在田纳西大学建立国家数学与生物学综合研究中心（NIMBioS），以促进生物学家和数学家共同寻求这两个学科疑难问题的创造性解决方案，从而促进跨国跨学科的学术交流与合作。2008 年 10 月，美国国家科学基金会宣布资助第三代工程研究中心，投资约 9 250 万美元建立 5 个新的工程研究中心（ERC），以同工业界合作开展跨学科研究与教育计划。2011 年 8 月，美国国家科学基金会宣布投资 7 400 万美元创建 4 个新的工程研究中心。第三代工程研究中心更加强调国际合作和文化交流，强调同小型研究型公司的合作，其目的在于创新过程，并使富有创新精神和创造力的工程领域毕业生懂得如何在一个工程人才已遍及全球的环境中去发挥更大的作用。目前，美国已经创建了 17 个第三代工程研究中心，并将要建设更多的第三代工程研究中心。

3.1.3　美国高校科技国际化的组织管理

美国的科学技术管理体系采用分散型的管理方式，表面上没有一个统一的机构负责协调或支持国际科技合作与交流，也没有一个机构直接对高校的国际科技合作负责，但美国国际科技合作组织机构却包含有顶层设计职能组织（见图 3—2），其中第一层负责顶层设计、科技政策和法律的制定，具体包括美国国家科学技术委员会和国会（科学委员会，商务、科学与运输委员会）以及最高法院；第二层负责国际合作执行和评估，包括各个重要联邦部门，有国家科学技术委员会下属国际关系委员会、教育部下属国际事务办公室、国家科学基金会的国际科技办公室等。除此以外，还包括科技思想库咨询组织，如美国的总统科技顾问委员会和美国国家科学理事会（National Science Board，NSB）等。

有关科技国际化，第一层级颁布了《美国竞争力法案》，促使国际合作经费

```
┌─────────────────────────────────────┐
│   国家科学技术委员会、国会与最高法院    │
└─────────────────────────────────────┘
                  │
┌─────────────────────────────────────┐
│   国家科学技术委员会下属国际关系委员    │
│   会、教育部下属国际事务办公室、国家    │
│     科学基金会的国际科技办公室等        │
└─────────────────────────────────────┘
```

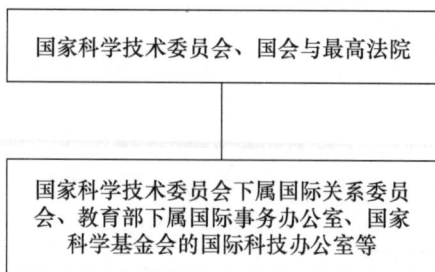

图 3—2　美国国际科技合作组织结构

大幅提升，为美国提升国际科技合作实力提供了法律和资金保障。

第二层级负责并推动的项目，如国际教育项目服务（International Education Program Service）。该项目由美国教育部管理，致力于提高美国教育的国际交流，美国教育部下设的国际事务办公室（IAO）是教育部中负责国际教育的部门，负责协调与部内相关部门、其他政府部门、国外的组织和政府以及私有部门的关系，以完成学生国际化的培养，每年的预算为 1 200 万美元，可以支持 40多个国际教育计划。

关于咨询方面，国家科学理事会为此做出了巨大努力，如于 1999 年成立了国际科学工程合作推进领导小组（Tank Force on International Research Collaboration），于 2005 年成立了国际科学推进领导小组（Tank Force on International Science）。这些临时性的小组为理顺和加强国际科技研究与教育提供专家政策建议，促进了联邦政府各部门之间的合作关系。2008 年 3 月，美国国家科学理事会提交报告《国际科学与工程伙伴关系：美国外交政策与国家创新事业的优先领域》，为美国国际科技合作战略指明了方向。2011 年 5 月，美国国家科学基金会又发布了题为"通过发现与创新壮大美国——美国国家科学基金会 2011—2016年战略规划"的报告，为美国国家科学基金会五年优先领域和投资确立了路径，并对美国国家科学基金会的远景做了精练的概括，其中特别指出，美国要通过加强国际合作增强其在知识前沿领域的国际竞争力。

3.2　德国高校科技国际化态势及经验

3.2.1　德国高校科技国际化的现状

德国一直谋求其科研与教育的世界最高地位，为了实现这一目标，德国政府除了加强立法及依据高校的教学科研成果和培养科学后备力量的业绩进行拨款之外，还推出了一系列加强与深化改革青年人才培养战略、吸引优秀外国高新科技人才的政策和措施。为提高德国科研基地的知名度和吸引力，政府致力于吸引外国高端人才到德国工作，为此数次修订移民法，放宽了技术移民政策，为外国高级人才进入德国从事科研活动"开绿灯"，从而使德国的科研水平不断提高。此外，德国政府还专门设立了用于招徕国际顶尖科学家的"国际研究基金奖"。

德国的研发支出持续增长，2012 年再创纪录，超过 790 亿欧元；研发支出占国内生产总值比例也达到创纪录的 2.98%，逼近联邦政府提出的 3% 的目标，德国由此在欧洲跻身顶尖国家行列，大大高于当时欧盟 28 国的平均值（2.06%）。

其中，联邦政府 2010 年到 2013 年在教育科研方面的额外投入达到 130 亿欧元，高于此前计划的 120 亿欧元。2005 年到 2013 年联邦政府研发支出共计增长 60%，达到约 145 亿欧元。德国经济界 2012 年在研发方面的投入创下历史纪录，接近 540 亿欧元。德国企业的研发创新参与度在欧洲名列前茅。研发领域从业者近 60 万，仅在 2005 年到 2012 年间，该领域就创造了 11.4 万个就业岗位。欧洲科研最强的企业有半数在德国。德国研究密集型产品的出口份额占全球约 12%，仅次于中国，超过美国和日本。跨国专利申请方面，德国也领先欧洲各国，在世界上排名第三。2012 年全球公开出版的学术出版物有 7.2% 来自德国，在这方面德国仅次于美、中、英，排名第四。

高校与公共科研机构的研发投入也有显著上升，上升比例分别为 6% 和 3.3%。2005 年到 2012 年间，德国的高校毕业生从 19.8 万人增加到了创纪录的 31 万人。德国科研体系的国际吸引力也有增长。2012 年在德国高校工作的外国学者达 3.5 万人，比 2006 年增长了约 60%（BMBF，2014）。

在科技论文国际合作方面，德国得益于欧洲经济和政治一体化的延续。欧洲国家的科技合作特征表现为国际合作率远高于世界平均值，也普遍高于其他国家，包括传统科技强国美国和一些新兴国家。随着近十余年的发展，截至 2012 年，德国的国际合作率超过 50%。在保持高合作率的同时，德国还表现出国际合作率逐年上升的态势（见图 3—3）。

3.2.2　德国高校科技国际化的战略举措

大力发展国际化战略。国际化是德国政府科研创新政策的一个重点，旨在把德国科研的国际合作带上一个新的台阶，更好地利用德国在国际合作中的潜力和

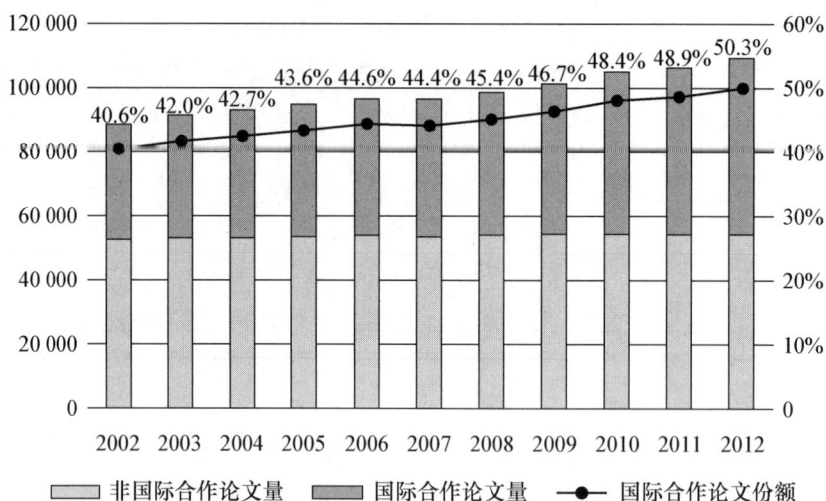

图3—3　德国2002—2012年SCI论文国际合作的发展态势

机会，促进德国更多地承担国际责任，为把握和应对全球化带来的挑战做出贡献；同时抓住国际化可能带来的机遇，巩固德国作为经济、科研和教育高地的地位，提高德国科研的国际知名度。国际化战略的主要目标是系统开辟国际合作的机遇。联邦教研部资助德国科学家的全球性科学活动，并通过各种国际网络计划和项目，为德国高等院校、研究机构和企业创建一个有助于国际合作的框架范围。国际化战略突出的目标范围包括：加强与世界上最优秀研究机构的合作研究；开发德国研究网络的创新潜力；重视与发展中国家和新兴国家合作。

积极参与欧洲研究区计划。在欧洲研究区方面，德国积极推动其进一步深化，制定和推出相关战略方针。德国优先考虑的几个方面包括：有效的国内研究体系，跨国合作，对科研人员开放劳动力市场，性别平等与机会均等，优化科学知识的交流、获取与转化，以及欧洲研究区的国际研发合作。德国在以上大多数领域都是欧洲典范，其欧洲研究区战略旨在巩固这一地位，同时推动欧盟各成员国和欧盟之间的合作达到一个新的高度。

推进教育国际合作发展。德国教育国际化的重点是通过学费和奖学金制度吸引外国留学生；同时抓住国际教育培训市场的机遇，尤其是职业培训方面的机遇，支持德国教育培训机构参与国际合作，发展职业培训出口的创新和可持续运营模式。

以重点项目促进高校科技国际合作。联邦政府设立顶级大学、杰出集团和研究生院资助计划等计划，并鼓励德国所有的大学都参加有关的资助竞争。"杰出计划"的目标是建设具有国际辐射力的科学中心，包括研究生院、杰出网络和顶级大学。德国高等院校试图通过建立新的研究生院来培养未来的世界尖端研究新生力量，并希望杰出中心加强联网研究从而产生足以引起国际关注的研究重点；联邦政府每年为大约 30 家研究网络提供 1.95 亿欧元的资助，以期这些网络可以使卓越的研究人员聚集在一起。

科技人才政策改革促进高校科技国际合作。德国科学与研究系统必须面对日益激烈的国际竞争，重要的是要确保竞争力和吸引力，以便将来仍能持续不断地为德国赢得外国的一流人才及来自国外的德国一流人才。不断改善国际化和扩大国际合作也是科学创新绝对必要的前提。

具体措施包括：

（1）改善职业生涯的前景（特别是通过"终身职位制"）。

（2）积极招募国外大学的工作人员及从国外争取德国科学家，改善就业条件。

（3）加快"再次晋升"的促进工作。

（4）扩大国际研究生院。

（5）资助在德国的外国青年科学家的研究活动。

（6）使德国研究生院与外国研究生院实现国际接轨，提供双学位。

（7）促进国际科学交流（如通过客座访问、暑期学校和讨论会等）。

（8）提升对在国外研究及就业的认可度。

（9）提高相关国内外大学生和青年科学家研究与毕业考试规则的透明度。

（10）提高相关国内外职业生涯道路和资助措施的透明度。

（11）制定相应的制度，扩充有关改善家庭和（科学）职业生涯兼容性的措施。

（12）加强德国研究地位的市场研究。

建立驻外的杰出研究与教学中心。德国政府支持高等院校在其既定合作伙伴国家里建立新型的杰出科学机构，即融研发与教学于一体的杰出研究与教学中心，以便形成科学合作的"灯塔"网，在加强与伙伴国科学与教育合作的同时，以积极的姿态参与国际人才竞争，旨在早期发现，重点培养，进而为己所用。

为大学生、博士生及与之相关的研究项目提供具有吸引力的奖学金。此举的目标在于通过新的奖学金计划为更多优秀的国外大学生提供到德国学习、深造并开始其科学职业生涯的机会。此外，德国还为来自冲突地区的研究生设立了特别奖学金，不仅为他们在德国的学习提供支持，还为他们学成返回自己国家后参与政治危机解决或经济建设提供一定的支持。

强化校友之间的联系。主要由德意志学术交流中心和洪堡基金会负责推进。为了建立并维护好世界各地留德学者的密集型联系与交流网络，继而进一步简化很多项目的国际合作程序，德意志学术交流中心和洪堡基金会止在勾画新的方式与方法。

3.2.3　德国高校科技国际化的组织管理

德国的高校科研活动的组织管理机构主要包括四类：立法机构、监督管理机构、咨询协调资助机构、执行机构。这些机构在德国国家创新中处于重要位置。

科技立法。《基本法》是德国的治国大法。该法案规定了科研与教学自由；而决定研究方向并承担起后果，则首先是科学界自己的事情。1969 年 5 月 12 日，联邦德国修改了《基本法》，扩大了政府的教育权限。同年 10 月，成立了联邦教育及科学部，翌年 6 月又建立了联邦—州教育计划委员会。这两个机构使联邦有可能在同一规划下实施比较深入的教育改革。联邦教育及科学部并非立法机关，它主要是通过建议和拨款来影响各州的教育事业。教育领导和管理的实权仍在各州手中。各州依据宪法、有关条款和各自的《学校法》处理教育事宜。长期以来，《基本法》规定的科研学术自由、管理自治、不受外部干扰等原则，为促进高校的发展和提高国际竞争力奠定了法律框架。

管理与监督。联邦教育与研究部是德国联邦政府科技宏观管理部门。其主要任务是：制定科技政策，协调联邦各部门及各州的科技活动；制定并组织实施长远科技规划，指导高校和科研机构的科研工作；制定有关教育的法令与政策，负责科学与教育事业的国际交流与合作。联邦教研部下设 8 个司，其中 2 司负责高校的欧洲和国际合作事务；4 司负责协调大学与大学外研究机构的"科学体系"。

咨询与协调。德国科学委员会是由联邦和州政府共同建立的专事科研决策和协调的常设机构。科学委员会的主要任务是向联邦政府提供有关教育与科学发展政策，大学与独立科研机构的组织结构、发展方向与任务等方面的咨询报告；为政府职能部门编制国家科研预算提供咨询意见；同时，也负责对科研成果进行评估。

研究资助。德国研究联合会主要负责资助大学的研究项目，是德国重要的、实行资助管理的科学管理机构之一。其主要任务是资助高校从事高水平、难度大的跨学科的基础研究，帮助学校建立一套为研究服务的基础设施，促进德国学者的国际交流和合作，培养科研后备力量。除德国研究联合会外，其他资助组织及研究基金会也承担了为大学提供资助的义务。其中最重要的是来自欧盟的资助，如欧盟委员会及其管理的"欧盟研究框架计划"。

3.3 英国高校科技国际化态势及经验

3.3.1 英国高校科技国际化的现状

最新研究数据表明，英国人口约占全球的 0.9%，科研人员占全球的 4.1%，研发经费占全球的 3.2%，却生产出占全球 6.4% 的国际论文（SCI/SSCI 等），占全球 11.6% 的引证数，占全球 15.9% 的引用最高的文章。2000 年以来，英国科技论文国际合作率不断提高，至 2012 年，合作率达到了 49.6%（见图 3—4）。

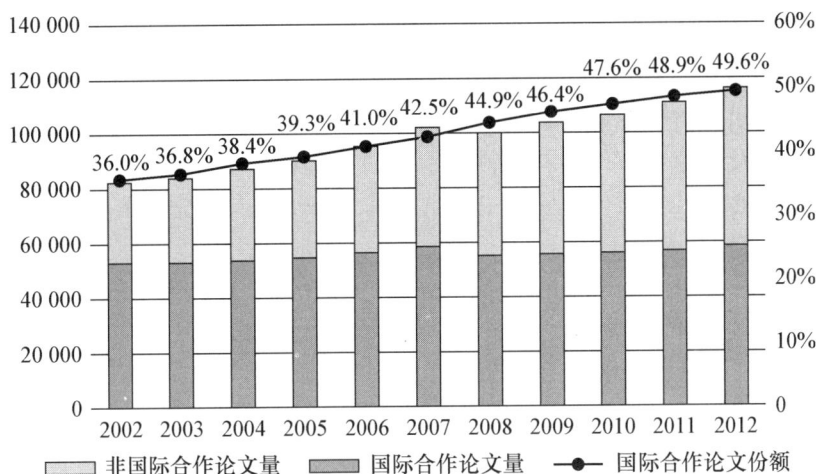

图 3—4 英国 2002—2012 年 SCI 论文国际合作的发展态势

这一时期，英国与 123 个合作国家进行国际科技合作，一共在 *Nature*、*Science*、*Cell* 三大期刊上发表了 6 141 篇论文。虽然数量没有增加，但国际合作范围得到了很大延伸，尤其体现在与中国的合作研究上。同时，随着合作范围的扩大，在没有导致英国与主要合作国美国、澳大利亚和法国的合作份额下降的同时，还使英国与其他国家和地区的合作比例有上升趋势，这说明，近年来英国科学研究国际化的方向正在加速向各个国家和地区扩展。

在科技人才流动方面，根据 2012 年 1 月 12 日英国高等教育统计局公布的数据，在 2010—2011 年度，英国学生共有 503 795 人在国外学习，而在 2009—2010 年度只有 408 685 人。在出国留学的英国学生中，只有 14% 是在欧盟国家留学，而在 2009—2010 年度有 17%。这证明，欧盟之外的国家对英国学生的吸引力越来越大了。

跨国科技人才当然也包括英国吸引的外来人才。近年来，留学英国与其他国家相比有着较大优势，所以其热度持续升温。目前，英国已经成为中国学生海外求学的第二目的地国家，仅次于美国。英国高等教育统计局统计表明，2010—2011 年度英国本籍学生在英国高等教育机构的所有招生中占 83%，5% 是欧盟注册学生，其余 12% 来自欧盟以外的国家。欧盟以外的学生入学人数与 2009—2010 年度相比增加了 6%，从 280 760 人增加到 298 110 人。

3.3.2 英国高校科技国际化的战略举措

加强对科技的宏观战略决策和指导。2004 年英国财政部、贸易与工业部和教育与技能部联合发布的《英国 10 年（2004—2014）科学和创新投入框架》中第一次提出，将由政府的首席科学顾问、英国研究理事会、首相的战略资源办公室，以及政府各部门的首席科学顾问们一起建立一个单独的科学技术横向分析卓越中心，其实质就是将政府各部门作为一个整体来进行科技战略规划的顶层设计。

为了应对 2008 年开始的全球经济衰退，2010 年 3 月，英国科学技术委员会发布了题为《英国研究愿景》的报告。该报告提出的促进高校科技合作的政策包括：（1）发现、吸引和培养最好的研究人才。要延揽、培养并留住本土和海外的专家，英国的教育体制必须做到使人人能够适应一个科学与研究已深深植根于文化之中的社会。（2）资助卓越研究并鼓励合作，大学必须制定相关的战略以维持卓越研究的多样性。

加强与欧盟和美国的科技合作。英国最重要的国际科技合作伙伴是美国和欧盟。2011 年 5 月，英国首相卡梅伦与美国总统奥巴马发表联合声明，指出两国将采取措施进一步加强在科技创新与高等教育方面的合作，主要包括：由美国公司对英国最优秀的 6 所大学进行投资，支持神经科学前沿研究；强化两国卫星信息及太空天气预报研究方面的共享；由英国研究理事会向美国科学家提供健康领域联合研究资助；举办两国高等教育政策论坛会议；推进研究生和研究人员交换项目等。同时，英国也积极参与欧盟正在规划的 2014—2019 年共同研发框架。

2011 年，英国商业、创新与技能部发表文件建议，欧盟未来的研究与创新资助应重视有竞争力的项目，向绿色及可持续发展领域倾斜，并以新的风险投资机制支持中小企业的研发。

多种政策吸引留学生和海外学者。2012 年 7 月，英国商业大臣凯布尔进一步发表了《科学、开放性与国际化》讲话。他指出，促进科技人员的国际流动将提升他们的研究能力与水平，例如，与国外科研机构长期合作的英国科学家的研究绩效比其他人要高出 75％。英国需要吸引外国学生来英学习科学、技术、工程与数学专业，英国的高技术产业也需要科学家之间的合作交流，以及随之而来的海外投资与国际贸易活动。由于英国现行的移民政策阻碍了对海外人才的吸引，政府将进一步调整专门针对科研人员的移民法规，承认皇家学会等著名科研机构对外国科学家提供的担保，加快审核流程。同时，将解除对来自外国的博士学历以上人才在英工作设立的工资限制和聘用限制，通过强化基础设施投资和国际合作项目建立良好的科研环境，进一步提高英国科研机构对外国科学家的吸引力，强化英国科学研究工作的开放性与国际化。

3.3.3　英国高校科技国际化的组织管理

英国过去实行的是典型的分散型科技管理体制，多年不设科技部，国家不制定统一的科技政策和规划，政府各部的科技政策和规划由该部的首席科学顾问负责制定。但是 21 世纪以来，英国政府逐步加强了对科技的宏观指导和调控。2007 年、2009 年先后成立的创新、大学与技能部和商业、创新与技能部确立了统一进行国家科技管理的地位。

英国政府对高校科技国际合作的影响方式主要包括科研经费拨款和评估两个方面，高等学校自主制定科技合作的规划和内容。

英国政府的科研经费分配是由创新、大学与技能部通过两个非政府机构——英国科研理事会和高等教育拨款理事会进行分配。高等教育拨款理事会的任务是支持大学科研机构的基础设施建设和基础研究工作。其资助经费根据大学研究质量评估结果分配，不需要有明确的研究任务和计划，可由高校根据自己的科研和教育活动计划自由安排。科研理事会和其他机构（如其他政府部门、企业、慈善机构等）通过运用透明的同行评议竞争机制以研究项目或研究计划的形式支持大学和科研机构的研究，其经费投入必须要有明确的任务和计划。科研理事会资助的科技计划或项目的产生有"自下而上"和"自上而下"两种模式，前者指科研理事会不限定研究主题而由申请者自由申报项目，后者则指科研理事会根据学科发展和国家需求而设立特定项目。这种"双重支持体系"是英国基础研究资助机制的重要特点。

在高等教育拨款理事会成立前，英国大学拨款理事会从 1986 年开始推行科研评估制，1992 年高等教育拨款理事会成立后，继续延用英国大学拨款理事会的"研究评估实践"。高等教育拨款理事会将科研拨款分为科研质量拨款和一般研究经费两个部分。其中科研质量拨款以评估为基础，也是高等教育拨款理事会科研拨款的主要部分。2008 年 2 月，英国高等教育拨款理事会宣布拟用新的"研究卓越框架"取代原有的"研究评估实践"。"研究卓越框架"采用更多的定量方法对学科资助进行评价，发展了一套新的关于研究质量的文献计量指标。并在 2008 年的"研究评估实践"结束后在 2010—2014 年逐渐取代"研究评估实践"。

3.4 日本高校科技国际化态势及经验

3.4.1 日本高校科技国际化的现状

日本国际科技合作经费投入世界领先。日本的科技投入占 GDP 比例自 1990 年开始超过美国后，十多年来一直在世界发达国家中居于首位。其中，国际科技合作经费投入占科研经费 9%，包括共同研究与科技合作（4%）、国际机构合作（4%）、研究人员交流（1%）三类（见图 3—5）。日本共同研究与科技合作项目的经费基本上为 100 万～5 亿日元，数千万日元的课题居多。宇宙/原子能关系的国际合作的经费已经超过 50 亿日元，其中有包括宇宙空间站计划、观测卫星等在内的 6 个与宇宙开发相关的研究课题。国际机构合作项目中最高达数百亿日元。研究人员交流合作课题研究比较少，数千万日元的预算居多。从国际合作经费结构来看：多边投入经费多，其次为双边；与亚洲国家合作的项目较多，与发展中国家合作的经费主要来源于政府提供的开发援助项目，但在宇宙与核能领域以欧美为中心。最近，日本的国际合作加强了对国际共同研究的重视，民间企业成为参与国际合作的重要力量，加强了与亚洲地区研究人员的交流，积极探讨完善与发展中国家的合作机制，与亚洲国家的国际科技合作在环境与能源领域占很大比例。

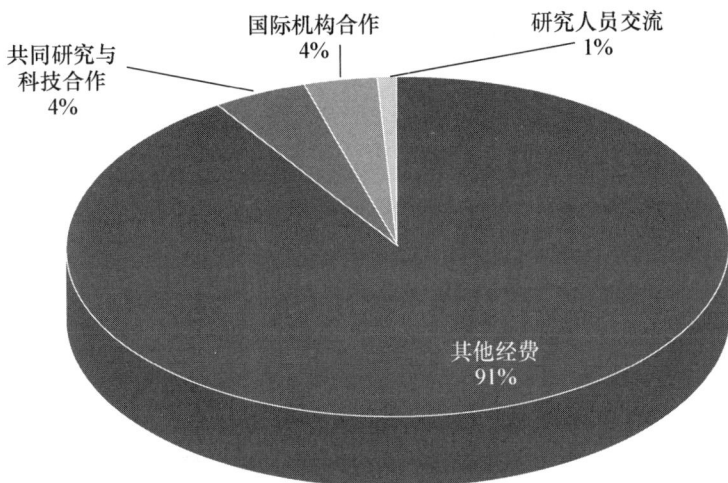

图 3—5　日本国际科技合作经费比例

国际合作成果排名靠前。日本是传统科技强国，尽管国际合作率远不及欧盟国家，但在 2002—2012 年始终处于上升趋势，而且日本的上升走势与世界平均水平基本一致。2011 年，在国际合作论文中，日本占 25.6%，在法国（54%）、德国（48.9%）、英国（48.9%）、美国（30.1%）之后，排名第五。在 2010 年发表的 SCI 论文中，日本与世界上 100 多个国家和地区进行了合作，合作论文有 29 918 篇，占总论文的 25%。2004—2009 日本核心论文 308 篇，国际合作论文 188 篇，占 61%（见图 3—6）。

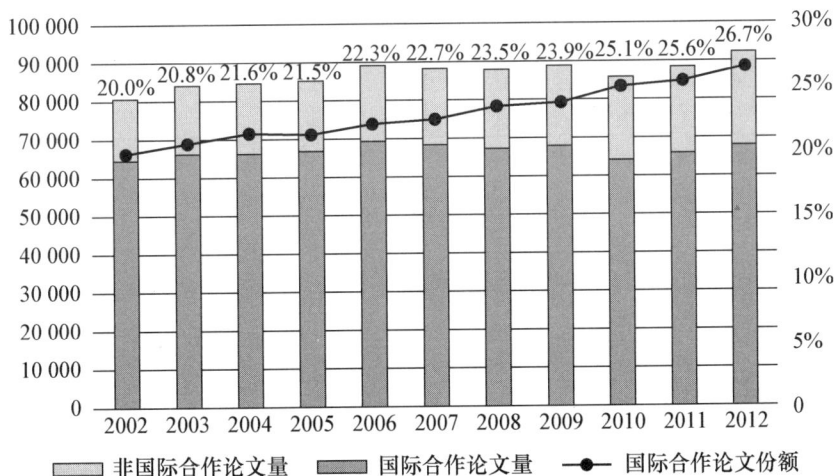

图 3—6　日本 2002—2012 年 SCI 论文国际合作的发展态势

3.4.2 日本高校科技国际化的战略举措

积极推动高校人员跨国任职。日本历年来始终积极鼓励高校人员在国际上任职，截至 2011 年，有 29 位日本科学家担任美国科学院（NAS）的外籍院士，有25 位日本科学家担任美国工程院（NAE）的外籍院士，有 14 位担任俄罗斯科学院外籍院士，有 1 人担任中国科学院外籍院士，有 3 人担任中国工程院外籍院士。在ESI 前 10％期刊编委任职情况：共有 493 人，尤其在物理学领域，日本仅次于美国，排名世界第二；在化学、材料科学领域，日本超过了法国、加拿大等发达国家（见表 3—2）。日本在医学和生物科学这两个领域的任职人员超过了所有任职人员的半数（日本科技创新态势分析报告课题组，2014）。

表 3—2 主要国家和地区在 ESI 各领域前 10％期刊的主编和编委任职数量排名表

国别	数学	物理学	化学	农业科学	生物医学	生物科学	工程	地球与环境科学	计算机科学	材料科学	空间科学
美国	1	1	1	1	1	1	1	1	1	1	2
英国	2	4	2	2	2	2	3	2	2	3	1
德国	3	3	3	5	3	3	5	5	3	2	4
法国	4	6	5	4	5	7	2	6	4	5	3
加拿大	5	7	6	3	4	4	4	3	7	6	—
意大利	6	5	8	7	6	8	6	8	5	9	4
澳大利亚	7	10	10	6	8	5	8	4	8	7	—
日本	8	2	4	9	7	6	7	9	6	4	—
中国大陆	9	7	6	8	9	9	8	7	9	8	—

资料来源：汤森路透数据库。

积极开展多边合作，并进行有针对性的国际合作。积极开展多边合作尤其是重大国际计划和大科学项目的合作，是日本国际科技合作一个引人注目的地方，如莫斯科的国际科技中心、国际空间站计划、国际热核实验聚变堆计划、人类前沿科学计划、人类基因组计划、智能制造系统计划。并提出针对欧美发达国家，重点加强在高技术领域的合作；针对亚洲国家，重点区分合作与竞争；针对非洲发展中国家，重点进行科技援助，解决传染病、贫困等问题。以不同层次的合作者区别对待的方式，分别加强了与欧美、亚洲、非洲各国的合作。

　　值得注意的是，日本提出的科技外交政策，已上升到国家外交的战略层次，并纳入日本长期国家战略。其根本着眼点在于充分利用国际话语权；主要特点是强调对外的技术输出，推广日本模式；对象是以发展中国家为中心；手段是强化人脉和情报网络；以环境等热点问题为重点，通过项目合作、人才培训，树立良好对外形象。对应地，日本的国际科技合作分为六类：一是对等互利型，如与欧美国家进行的知识产权与技术合作，以及与韩国的家电联合开发等合作；二是技术引进型，如与欧洲的大型火箭及新型客机的合作；三是资源引进型，如生物领域主要从国外获取遗传信息资源；四是人才引进型，如通过高校等机构的国外分支，从海外特别是人力资源丰富的国家招收博士后等；五是信息引进型，如主办国际研讨会或招聘高级学者；六是以企业海外研发活动为主的市场开拓型。进一步看，日本的国际科技合作并不是全方位进行，主要还是围绕六大领域展开针对性合作：基础科学、航空航天、信息技术、生物科学、环境、专利（日本科技创新态势分析报告课题组，2014）。

　　高校法人化改革促进产学研国际合作。1999 年日本开始对部分国立大学进行了独立行政法人化改革，改变了国立大学的计划、预算、经营、人事均由政府机构管理的情况，赋予大学更多的自主权，政府将继续给予投资，而学校则行使独立法人的权利。自 2004 年开始对全部国立大学进行了法人制度的改革，让各大学从吃"皇粮"的行政机构转型为市场化的运营法人，有力地促进了日本的学术体制"产—学—官"模式和产学研国际合作的发展。比如，京都大学与英、法、德等国的教育机构建立了合作关系，还开设了产学联合欧洲事务所，在日欧产学研国际合作中起到了桥梁作用。

　　另一方面，日本产业界近年来更加倾向于和国外大学合作，其中一些日本企业多采取委托欧美大学进行研究的方式，进行更有灵活性、更具吸引力的国际科技合作。为此，日本政府制定了相关制度以加强产学研之间的合作，还先后建立了委托研究制度、委托培训制度、捐赠制度、研究室制度、经费划拨与使用制度、人员互派制度等一系列制度，并重组研究院所，实施国立研究机构独立行政法人化政策。这些措施无疑加快了科技成果的产业化，促进了产业政策与技术政策的融合，推进了产学研国际合作（日本科技创新态势分析报告课题组，2014）。

3.4.3　日本高校科技国际化的组织管理

　　日本的科学技术管理体系相对集中，虽然没有一个统一的机构负责协调或支持国际科技合作与交流，但日本国际科技合作组织机构也包含有顶层设计职能（见

图3—7），其中第一层负责国家科技发展战略、法律的制定，审议和评估研究课题及协调跨省厅的事务，具体称为"综合科学技术会议"，由首相担任会长；第二层负责国际合作战略制定与执行，包括文部科学省的科学技术振兴机构（JST）和日本学术振兴会（JSPS）、外务省的国际交流基金会。日本的科技咨询组织包括文部科学省的日本科技政策研究所、经济产业省、科学技术振兴机构的研发战略中心（CRDS）等。由于日本产业界认为目前综合科学技术会议未能充分发挥制定科技创新政策指挥部的作用和职能，于是在2012年3月新建了为国家最高领导人直接服务的咨询机构"科学技术创新战略本部"以加强决策，并设立科技创新顾问，提出应在法律上赋予战略本部在政策制定、预算分配、综合调整等方面的相应权限。进一步，日本《推进科技创新政策报告》中指出，在设置"科学技术创新战略本部"的基础上成立科技创新战略协议会，以构建产学官合作的科技创新体制。

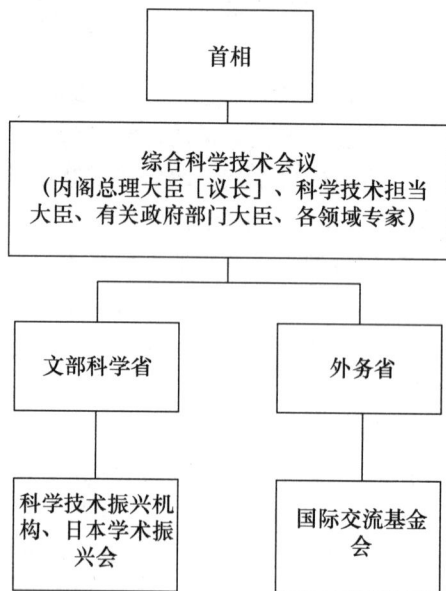

图3—7 日本科技国际化管理组织结构

在第一层面，20世纪80年代以来，日本提出了"科技立国"战略；在1995年11月通过的《科学技术基本法》的基础上，又于1996年7月提出了"科学技术基本计划"；进入21世纪，日本政府积极调整科技政策，又提出"科学技术创新立国"政策，并于2004年制定了《国立大学法人法》，为大学国际化提供了制度激励；特别是2009年5月，综合科学技术会议出台"加强科学技术外交战略"，确立推进科技外交的基本框架，并提升了高校在科技国际化中的地位。

在第二层面，科学技术振兴机构（在 2003 年 10 月更为现名，原名科学技术振兴事业团）是独立行政法人机构，主要资助遗传进化科技核心研究（CREST）、胚胎学先驱科技研究（PRESTO）、高新技术探索性研究（ERATO）、国际合作研究计划（ICORP）等，旨在通过双边科技合作协定、多边国际联合研究和南极研究等项目，与联合国教科文组织、经合组织进行项目合作，以及提供与联合国大学（UNU）合作的协助，来推进科学和技术领域的国际合作。日本学术振兴会具有人才培养与交流和基金支持两大职能，1997 年提出资助 1 万名特别研究员（博士后）的计划，此外，还负责"全球卓越研究中心项目"。日本外务省下设国际交流基金会，是外务省所属的对外文化交流的代表机构，它致力于对外教育交流事业、外务省主导下的青年交流项目以及日本政府在教育领域的开发援助项目等，可分为三类：第一类是推广日语教育；第二类是文化艺术类的交流活动；第三类是日本研究以及知识交流。其主要特点是：第一，以人员交流为主；第二，注重基层和基础性交流；第三，事业重点在普及日语教育和知识交流方面。

在咨询层面，日本科技政策研究所为"科学技术基本计划"提供信息，日本科技振兴机构成立的研发战略中心执行国际标杆分析（各国/地区在不同子领域的相对优劣势），经济产业省制定"战略技术路线图"，这些机构构成了国家科技政策知识平台，为日本的科技政策制定提供了有力的政策咨询支撑。

第4章

发达国家高校科技国际化的
典型案例

4.1 美国大学

4.1.1 美国耶鲁大学

耶鲁大学是一所坐落于美国康涅狄格州纽黑文市的私立研究型大学，为常青藤联盟学校成员之一。耶鲁始创于 1701 年，为全美第三古老的高等学府。其最初称为"大学学院"，旨在为殖民地培养新一代的神职人员及领导者。该学院后为了感谢不列颠东印度公司总裁伊利胡·耶鲁的捐助，改名为"耶鲁学院"。学院后来迅速发展，成为了一所综合型研究大学。其艺术及科学研究院更在 1861 年成为全美第一所颁发博士研究生学位（PhD）的教育机构，随后也成为美国大学协会的一个原始成员。1930 年代起，耶鲁亦仿效书院联邦制的大学实行了住宿院制度。大学现在有 15 个学术学院及 12 所住宿院，提供不同的本科及研究生课程和设施配套（Lu，2009）。

耶鲁大学是一所国际化程度非常高的大学，从 19 世纪 30 年代就开始接受国际学生。第一个中国青年容闳于 1850 年进入耶鲁，四年后取得耶鲁的学士学位，他在耶鲁招收留学生的历史上留下了重重的一笔。耶鲁大学与很多其他学术机构有紧密的联系及合作。耶鲁在 2006 年与北京大学合作开办了一个联合本科课程，作为交流课程的一种。此课程让耶鲁学生有一个学期的时间到北京与北大学生相处并交换学术心得。耶鲁和新加坡国立大学合作开办了一所位于新加坡。名为"耶鲁—新加坡国大学院"（Yale-NUS College）的艺术学院，为学生提供相关的课程

(Times Higher Education World Reputation Rankings，2015)。

截至 2012 年，耶鲁大学有 5 379 名本科生，6 501 名研究生，来自 119 个国家的 2 135 名国际学生（占比 18%），最多的五个国家分别是中国、加拿大、印度、韩国和英国，员工共 9 323 人。耶鲁大学国际学者从 2003 年的 1 637 名增加到 2012 年的 2 327 名，十年间增加了 42.1%（见图 4—1）。2012 年，前十大来源国家分别为：中国（586）、印度（182）、德国（153）、加拿大（123）、韩国（122）、法国（96）、意大利（95）、英国（93）、日本（91）、西班牙（56）（见图 4—2）。前十大来源地区分别为：东亚（831）、欧洲（771）、南亚（206）、北美（148）、中东（135）、南美（96）、非洲（62）、东南亚（38）、大洋洲（33）、中美洲（6）（见图 4—3）。

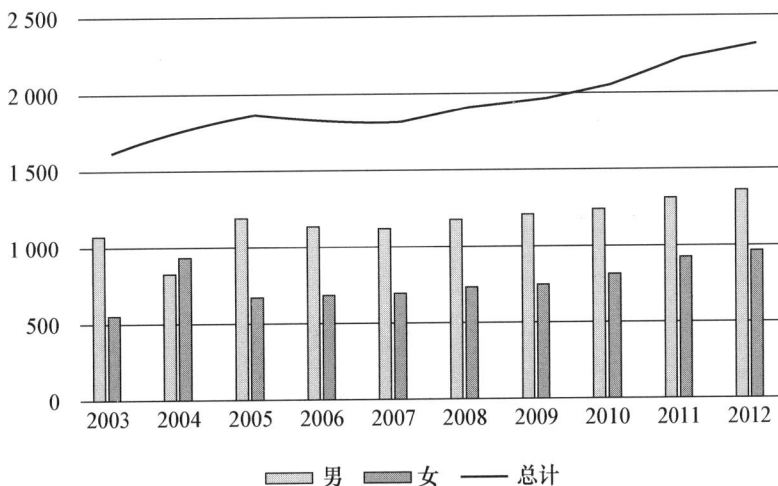

图 4—1　耶鲁大学国际学者数

资料来源：耶鲁大学主页，http://oir.yale.edu/detailed-data。

重视学校的国际化发展是耶鲁一直以来的特色。自 1997 年耶鲁大学将年会回顾的主题转移到全球化以来，学校国际化的步伐越来越快：几乎所有的学院和主要的学术机构都增加了国际活动，耶鲁国际和地区研究中心的工作也加快了进度。国际学术会员项目中心启动了对于全球化的研究项目。战略研讨会已成为著名的教学项目，相关部门还推出了一系列支持国际化基础设施的方案（杨福玲，2011）。2005 年，耶鲁推出了"耶鲁大学国际化：2005—2008 新型框架"，对学校的国际化发展开始进行非常细致的分析和规划。2008 年，耶鲁又在 2005—2008 年国际化发展框架的基础上推出了 2009—2012 年新型框架，对此后学校的

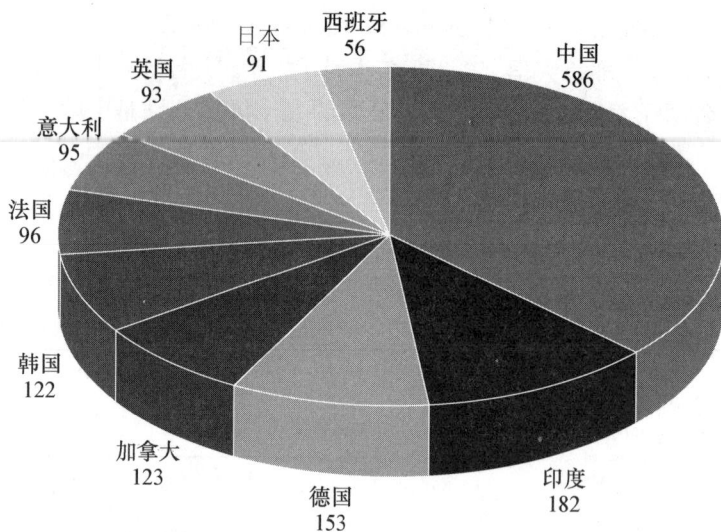

图 4—2　耶鲁大学国际学者来源前十国家分布（2012 年）

资料来源：耶鲁大学主页，http://oir. yale. edu/detailed-data。

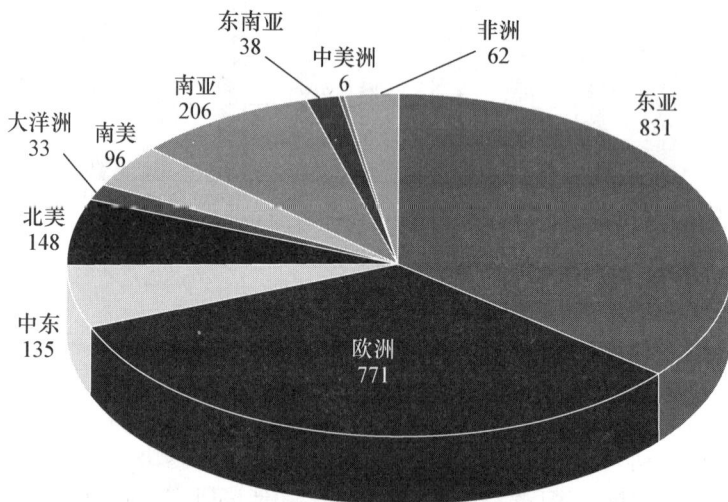

图 4—3　耶鲁大学国际学者来源分布（2012 年）

资料来源：耶鲁大学主页，http://oir. yale. edu/detailed-data。

国际化发展状况进行了更加详尽的分析，并对具体工作提出了指导建议（见表 4—1）。

表 4—1   耶鲁大学国际化战略演进

大学国际化主题					
育人国际化		人才国际化		保持世界一流	
（2005—2008）	（2009—2012）	（2005—2008）	（2009—2012）	（2005—2008）	（2009—2012）
● 课程体系改进 ● 拓展科研资源 ● 国际问题研究 ● 海外学习/实习 ● 教育领袖计划	● **新课程和形式** ● **国际问题研究新对象** ● **增加从业者师资力量** ● 全球卫生项目第一阶段 ● 教育领袖计划 ● 海外学习/实习	● 优秀的国际学生 ● 重点领域的人才吸引 ● 为国际学生/学者服务	● **更加侧重国际招生** ● 英语项目建设 ● 国际化文化 ● 倡导新的移民政策 ● 为国际学生/学者服务	● 支持和促进国际研究项目 ● 整合资源支持国际化重点项目 ● 加强对华合作 ● 提高国际声誉和知名度 ● 拓展海外网络 ● 加强基础设施建设	● 支持和促进国际研究项目 ● **全球和区域问题和制定解决方案** ● 寻求重要机构海外项目机会 ● 在线课程 ● 跟踪关键国家相关机构 ● 提高国际声誉和知名度 ● 拓展海外网络 ● 加强基础设施建设

资料来源：http://world.yale.edu/sites/default/files/files/Yale_International_Framework_2009。
注：黑体部分为更新的计划。

　　具体来说，从 2004 年开始，耶鲁就筹划将国际化作为学校发展的主战略进行了广泛的研讨。在 2005 年，学校经过长达一年的磋商，于年底提出了"耶鲁大学国际化：2005—2008 年新型框架"，目标是为每个学院和项目设计出国际化的行动方案，从整体上把握学校长期发展的目标和战略，以国际化应对多变世界中的机遇和挑战。

　　在框架中，耶鲁大学充分分析了在全球化的世界背景下，如果耶鲁继续追求培养当代世界领袖的历史使命，就应该采取以下行动方式：1）针对国际和区域事务提供足够的课程，让学生用全球公民和领导所要求的知识武装自己；2）向本科生、研究生以及药学院、法学院及医学院等职业学院的学生提供去国外工作和学习的机会，增强他们在工作中国际化的能力以及对文化差异的感知力；3）欢迎大量优秀的国际学生和学者，他们有影响其他国家的领导人的潜力，在多民族的文化背景下，能帮助美国学生建立个人关系网络（杨福玲，2011）。

　　耶鲁大学的国际化发展战略规划，明确提出耶鲁大学不仅"为自己国家培养具有领导与公共服务能力的学生，还在于为全世界培养人才"。具体围绕三个目标展开：一是育人国际化，在相互依赖愈加紧密的世界里，为学生应具备的领导能力和服务意识做好准备；二是人才国际化，吸引全世界最优秀的学生和学者到耶鲁；三是保持世界一流，将耶鲁定位为有影响力的国际化大学（Flexner，S. B.，1987）。耶鲁大学在 2009—2012 框架中延续了学校 2005—2008 年发展的三个目标，但对相应的战略措施进行了大量的更新和补充。

4.1.2 美国麻省理工学院

始建于 1865 年的麻省理工学院是美国一所享誉全球的综合性私立大学，有"世界理工大学之最"的美名，位于马萨诸塞州的波士顿，查尔斯河（Charles River）将其与波士顿的后湾区（Back Bay）隔开。2009 年，麻省理工学院共有教师 1 009 人，学生 10 384 人，其中本科生 4 232 人，研究生 6 152 人。今天麻省理工学院无论是在美国还是全世界都有非常大的影响力，培养了众多对世界产生重大影响的毕业生，是全球高科技和高水平研究的先驱和领袖，也是世界理工科精英聚集地，在 2009 年《泰晤士高等教育》（THE）和 Quacquarelli Symonds（QS）合作发布的 THE-QS 世界大学排名中位居全球第 9 位，且其很多学科的排名都位居世界领先地位，是名副其实的世界一流大学。

在这所令全世界瞩目的大学中，国际化氛围是其最主要的特色之一，这一特色从该校招收的国际化人员背景中就可一目了然。例如，该校学生就来自世界 110 多个国家，国际学生、教师、学者及该校国际合作科研情况见图 4—4。具体来说，2009 年国际本科生 348 名占本科生总数的 8%，国际研究生 2 230 名占研究生总数的 37%；国际博士后 559 名占博士后总数的 59%，国际学者 376 名，占教师总数 36%。中国学生数在本科生、研究生和博士后中均占第一，而印度学者在国际学者中占比第一。

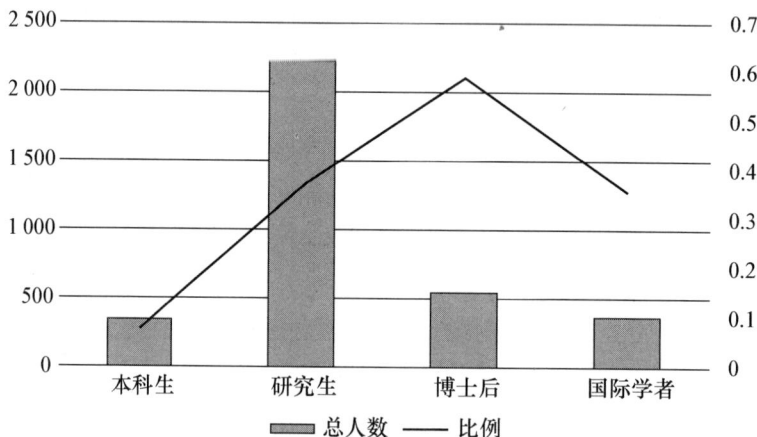

图4—4　麻省理工学院国际学生和学者（2009 年）

在派出本校学生进行国际交流方面，麻省理工学院重点进行了 MISTI 实习项目，其时长从三个月到一年，MISTI 安排学生住宿和旅行的津贴，在此期间根据学生的背景和研究课程安排他们到国外机构或公司进行工作和实践，并在外国环境中与外国同行合作完成相应的实习作业。项目也为实习生了解东道国语言、文化和历史创造了丰富条件。项目人数从 1995 年的 38 人，增加到 2007 年的 272 人，13 年间增加了 6 倍多（见图 4—5）。从项目的国家分布来看，中国、日本、德国和法国等国始终处于前列。

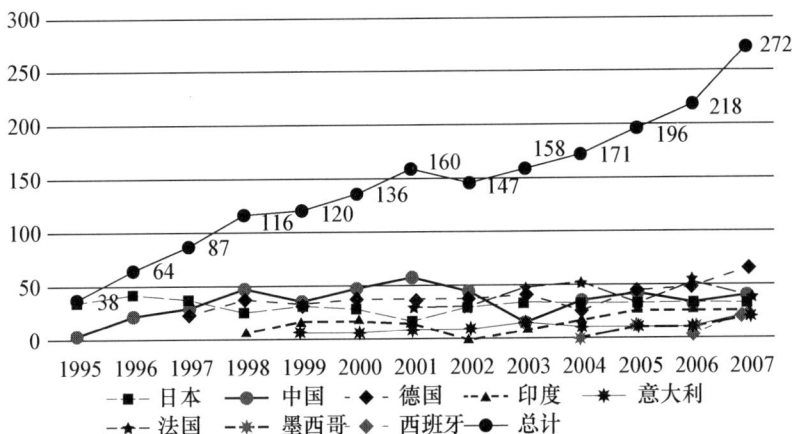

图 4—5　MISTI 项目实习人数分布

资料来源：http://orgchart. mit. edu/sites/default/files/reports/20090903 _ Provost _ IAC _ Report. pdf。

在国际合作研究经费方面，该校的科研聚焦世界科技前沿，把国际合作作为科研重点。借助该校优秀师资的强大优势，其 2009 年的科研总经费中，国际合作经费就占了将近 8.7%，而国际基金的比重也达到 17.0%，如图 4—6 所示。

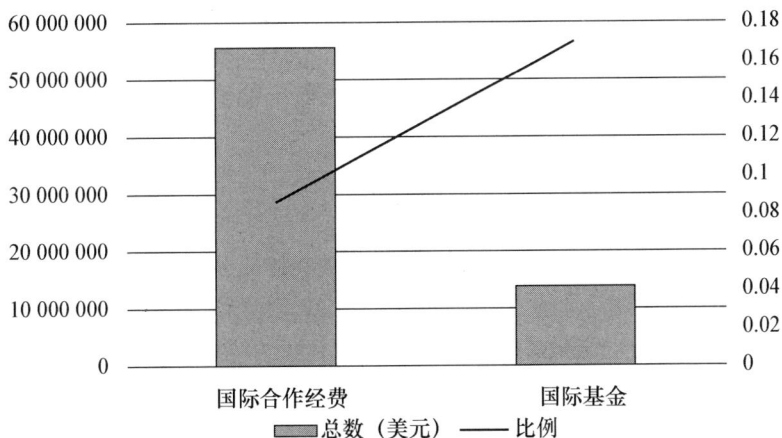

图 4—6　麻省理工学院国际合作科研经费（2009 年）

在机构交流方面，麻省理工学院与剑桥大学的学术交流堪称典范。自2000年起，剑桥大学和麻省理工学院每年各送约30位品学兼优的大三生到对方学校进行学术交流，为期整个学年（9个月）。此政策使剑桥学生学习到麻省理工世界顶尖的科学技术，也让麻省理工学生感受到欧洲历史悠久的人文气息。每年上百名学生申请各校的30个名额，竞争相当激烈。麻省理工学院也是剑桥大学唯一开放交换学生的姐妹校。2006年11月，麻省理工学院与剑桥大学合作的研究团队，进行一项名为"静音喷射机倡议"的计划，将彻底改造客机的概念设计：未来的客机将不只更省油，而且还安静无声，一解机场附近居民饱受飞机起降噪音折磨之苦。这一"静音喷射机"可以运送215名乘客，并可能在2030年时加入航空界。这种客机的噪音从机场外听起来，大约像洗衣机或其他类似家电的噪音。另外，与阿布扎比国的马斯达尔科技学院于2009年进行了首次研究生合作；麻省理工学院斯隆管理学院在中国设立的三个教育课程，已经被中国政府作为国家课程标准。

在推动学校国际化方面，麻省理工学院开展了多项国际交流项目，为推动其国际化做出众多实质性努力。在教学国际化方面，2001年4月4日，麻省理工学院院长查尔斯·韦斯特（Charles M. Vest）在召开新闻发布会时称，麻省理工学院将在10年内把几乎所有的课程材料公布在网上，供全世界的人们免费自由下载，同时宣布启动麻省理工学院开放课件OCW（Open Course Ware）计划，并率先将自己的课程放到网上，供全世界分享。这一举动充分表明了麻省理工学院的大校风范，以及推动世界高等教育国际化发展的决心。截至2007年11月，麻省理工学院公布了33个学科共1 800门课程，OCW共拥有7 200万的访问量，使全球5 000万学生获益，其内容已经翻译成中义、泰文、西班牙文、葡萄牙文和波斯文等多种文字。在科研国际化方面，麻省理工学院构建了ILABS，致力于网络实验室的命题，打造可以通过互联网访问的实验室，通过扩大范围的实验丰富科学和工程教育，另外，ILABS也是共享昂贵的设备和教育材料的重要方式。在国际远程教育方面，麻省理工学院打造了MIT WORLD品牌，项目由麻省理工学院的教师进行演讲，全球任何时间与任何地点都可以免费点播其视频，以低成本地推动麻省理工学院的教育国际化。

经过150年的国际化发展，麻省理工学院已经是名副其实的国际化、多元化、学术卓越的高等学府，面对21世纪人类面临的各种挑战，麻省理工学院提出了应对新世纪人类发展各种问题的四大行动目标：能源、癌症、多元化、全球化。在这四大行动中，全球化是麻省理工学院关注的核心。为了进一步整合全校的力量，集中解决像麻省理工学院这样世界顶级大学最应该关注的全球性问题，2007年春，教务长拉斐尔·里夫（Rafael Reif）任命了由来自5个不同学院的高管组成的国际咨询委员会（IAC）。这个委员会的使命是对课程体系提出战略性建议，此外指导麻省理工学院在下一个 10 年中的国际化发展。IAC 的任务是：1）通过直接与教师及管理层沟通，设计学校的国际化战略；2）分析国际化战略提案的可行性与价值，并向高级管理层汇报；3）定期向校长、教务长及不定期地向麻省理工学院教师队伍汇报 IAC 在国际化战略设计上的进展。为了实现其使命，2009 年 3 月，IAC 提出了"麻省理工学院国际化活动指导战略"（The Guiding Strategies for MIT's International Activities），提出学校国际化发展的核心任务是实现四个主要的目标：

教育：给麻省理工学院的学生和教职员工提供高质量的条件和机会去了解世界，参与世界各地的实践；

研究：给麻省理工学院的学生和教职员工提供独特的和国际领先的研究机会；

服务：参与建立在麻省理工学院的优势领域和由麻省理工学院领导的国际服务活动，为教师、学生和工作人员提供新的研究和教育机会；

校园社区：通过吸引全世界最优秀的教师和学生来提高学校教育、科研和服务的质量。

4.2 英国大学

4.2.1 英国爱丁堡大学

爱丁堡大学（下文简称爱大）位于苏格兰的首府爱丁堡市，成立于 1583 年，是英国最古老、最大的 6 所大学之一。全校分设 8 个学院，涵盖艺术、法律、神学、自然科学与工程学、社会科学、兽医学以及音乐等学科。爱大素以重视国际交流而闻名。该校已经教授了 250 余年阿拉伯语，与非洲的合作也有悠久历史。2007—2008 年度，该校共有 6 300 名来自英国以外的 130 个国家和地区的国际学生，占学生总数的 25%，另有来自 80 余个国家和地区的 640 名学术人员，占师资总数的 20%。爱大在 2009 年的 THE-QS 排行榜中列第 20 位。

爱大已经加入的大学联盟有世界著名的"二十一所大学联盟"（Universitas 21）、由 22 所著名研究型大学组成的"欧洲研究型大学联盟"（LERU）和由欧洲 38 所综合性大学组成的"科英布拉集团"（Coimbra Group），仅在欧洲就已经与约 40 所院校建立学术人员互访合作关系，与悉尼大学、多伦多大学、亚琛大学等多所高校开展了各类合作项目。在中国，该校已经设立了常驻中国事务办公室，是英国在中国设立办事处的大学中排名最高的大学，显示出该校对与中国合作的重视。该校已经将联系范围扩展到各国的学术科研机构。目前，该校已经与世界上近200个机构建立了合作关系。在2007—2008年度，该校共接收530名交流学生，派出430名学生到海外交流学习，已经建立了多个国际交流与研究中心，如孔子学院、阿拉伯世界研究中心、欧罗巴研究院、非洲研究中心等。新近又成立了国际发展中心，这一中心将整合全校资源，促进跨学院、跨学科的国际化发展。

能够使这所拥有400多年历史的高等学府生机依旧的奥秘是它始终在捕捉机遇、不断发展。通过对爱丁堡大学的国际化发展战略规划的分析，我们可以看到，该校一直以来充分重视高等教育国际化发展所带来的机遇和挑战，并借此发展和壮大自己。

爱丁堡大学2008—2012年学校国际化发展战略规划（Edinburgh Global）详述了该校国际化发展的历史、现状、优势及应对的挑战，对学校今后国际化发展的目标、采取的行动、要达到的结果以及评价的标准都进行了准确的描述。最后，将该校国际化发展的愿景提炼为："成为全世界人民心目中的首选地"（Our aspiration is to become a place of first choice in the minds of the world）。

爱大对学校今后发展的目标定位如下：

1. 学校定位和所提供的服务要充分体现国际理解；

2. 吸引全世界最优秀的学生来爱大学习；

3. 拥有吸引全世界最杰出的研究人员来爱大工作的世界闻名的研究项目；

4. 拥有为全球商界和政府都认同并采用的知识。

为实现这些目标，该校明确了由主管国际事务的副校长牵头、各个学院新设的主管国际事务的副院长参加的组织架构来负责同主要国家的合作伙伴加强合作关系。国际化战略的执行将紧密结合国际事务办公室、院系等掌握的各类合作项目。学校规定，全体教职员工均有责任执行和落实这一战略。

为使学校的战略愿景更便捷地成为广大师生的任务，学校将战略规划目标分解为六大行动：

1. 使介绍学校国际化活动的信息触手可及（优先完善网站信息和校友网络）；

2. 提供能满足本国和国际学生需要和期望的学习和生活经历（改进招生流程、做优先国家的市场调研、提供更多研究生席位、加强国际学生反馈机制、扩大国际学生奖学金范围）；

3. 培养学生在日益相互依存的世界中发展自己（成立国际专业技术研究院、支持本国学生获得海外经历、吸引更多国际雇主来校招聘）；

4. 与既定国家和地区的机构建立战略伙伴关系（双赢效果）；

5. 确保从国际科研合作中获得更多的资源，提升本校知识产权在全世界范围的应用（为大型国际研究项目提供启动资金、保证本校与校外股东的紧密联系以促进国际知识转化并为其提供资金）；

6. 进一步提升全校的国际意识（通过业绩与薪资评估、领导培训等方式促进学校国际意识的提升，尽量吸引更多国际学术人员）。

为实现上述行动计划，学校进一步推出了更加具体的举措，其中包括：鼓励教学、科研和知识交流方面的国际合作；提高学校的国际优势和师生的国际成就；与世界知名大学建立更为深入的战略联盟与网络；通过欧洲框架计划加强在欧洲研究中的参与度；继续吸引更多、更加多样化的国际学生和员工；为国际学生提供优质服务和支持，聆听国际学生的反馈与建议；促进与海外高校的学生交流；为国际学生创造融入更广阔学生团体的机会；努力发展与本国以及国际上其他单位的合作科研；积极参加各类国际合作组织；积极开拓渠道，探讨与其他组织共享空间、设施、服务和专有技术。

为有效地落实学校国际化发展的战略和各项目标，学校在国际化发展战略中特别规定了通过以下几个标志性指标来衡量国际化发展战略是否成功：

1. 合作伙伴关系；

2. 学生调查（包括国内学生和国际学生）结果；

3. 战略重点国家和地区的学校品牌知名度；

4. 国际学生的数量和质量；

5. 现有研究中标志性成果的商业化；

6. 对学生国际活动总量的增加进行评估。

此外，学校还提出了更加具体的要求。例如，至 2012 年，学校要增加申请学术岗位的国际求职者数量；欧盟以外的国际学生数至少增加至 1 000 人；本校学生赴海外交流的比例提高到 50%；提高从欧盟和其他海外机构获得的科研经费以保证学校在罗素集团（Russell Group，即英国最高水平的 20 所大学联盟）中处于中上游；每年至少成功竞得一项国际和一项国内体育赛事，以及 2012 年奥运会培训营；至少新增 5 项有关博士联合培养的国际合作关系等。为此，学校大力推动与合作伙伴之间的合作项目，其中包括和麦考瑞大学的联合博士生项目、与其他 13 所世界领先的大学联合授予学位的大学联盟博士学位项目等。

爱丁堡大学已经将国际化发展作为学校发展的主战略，将学校国际化愿景做了清晰的描述，并建立了由主管副校长牵头的组织机构，设立了一系列的行动规划、目标和项目，并号召全校师生积极参与。此外，该校还将国际化活动的绩效列入考虑范畴。这是一个典型的"自上而下"（top-down）的模式。通过制定学校发展战略这一统一全校人员思想的过程，将学校的发展目标以"自下而上"（bottom-up）的方式予以沟通和讨论，使机构的发展理念和目标获得接受并得到执行。

4.2.2 英国利兹大学

利兹大学位于英格兰北部利兹市。大学的主体部分皆建于 19 世纪下半叶，当时建立的目标是为了适应当地对科学和技术发展的教育需求。它的前身是建立于 1831 年的利兹医学院，以及建立于 1874 年的约克郡科学院。1887 年，以上两个学院与曼彻斯特欧文学院、利物浦大学学院合并为维多利亚联合大学。1904 年英王爱德华七世正式授予该校利兹大学的名号。

经过一个多世纪的发展，利兹大学成为了英国著名的大学之一，也是目前英国规模最大的大学之一。利兹大学同时也是最受英国本土学生欢迎的大学，在 2009 年的 THE-QS 排名中列英国大学第 17 位。利兹大学下设 55 个学院（包括系、中心），研究、教学的方向涵盖了绝大多数社会科学以及自然科学领域。目前利兹大学能够提供多达 610 种大学本科学士学位课程，以及 720 个研究生授课式课程。在校海外留学生 4 000 多名，来自全球 100 多个国家。学校现有教职员工 8 000 名，在校学生 30 000 余人，其中研究生 6 000 多人。

2009 年，利兹大学推出了学校 2009—2015 年之间将大力推动国际化发展的战略规划（internationalization strategy），引起了全球大学的关注。在这一战略规划中，利兹大学详述了该校实施国际化发展战略的意义是为了实现学校的总体发展目标。在充分分析自身的优势、国内与国际形势，以及学校今后发展可能遇到的挑战的基础上，该校将通过实施国际化发展战略，整合全校各方面的资源和行动，到 2015 年跻身世界大学排行榜前 50 名，为此，确定了学校需要优先发展的主题事项，使全校师生为了共同的目标而努力。

利兹大学将其国际化发展战略规划作为学校改革的有力工具，为其发展提供了指导框架，在全校范围内整合了重点的发展目标，巩固了学校核心管理层决策的执行力度。利兹大学国际化发展战略规划利用卡普兰（Kaplan）与诺顿（Norton）（2005）联合开发的平衡计分卡和战略表（如表 4—2 所示），以一目了然的方式强调了学校今后发展的四大主题：

（1）巩固学校作为国际型高校的地位；

（2）取得对世界具有影响力的前沿性科研成果；

（3）激发学生充分开发自身的潜力；

（4）扩大学校在本地及国际上的影响力；

根据这一国际化战略，利兹大学今后的发展可以简述为：

战略目标：到 2015 年，完成对国际顶尖级科研项目、学术及教育的整合，保持在全球高校排名前 50 的地位。

表 4—2　　　　　　　　　　　　利兹大学战略表

前景	到 2015 年，我们将以不凡的能力，整合科研、学术和教育资源，跨入世界大学 50 强。			
目标和价值	我们是一所研究型大学			我们的价值观
	创造、发展和传播知识		培养杰出的学生和学者	
	对国际社会产生深远影响			
利益相关者	师生、校友、资助者和合作伙伴希望我们			
	对社会有重要作用的高质量研究	在其研究领域获得广泛的认同	大学在成果提供和职业化方面具有良好的声誉	在获得了强而持久声望的一流大学里学习 / 从拥有前沿知识的学者那里进行学习 / 接受能够获得优先职业机会的教育 / 有支持个体充分发展的环境
关键主题（Theme，简称 T）	巩固学校作为国际型高校的地位	取得对世界具有影响力的前沿性科研成果	激发学生充分开发自身的潜力	扩大学校在本地及国际上的影响力
	T1. 将国际化融入我们各方面的活动中	T4. 将学术的卓越性体现在学生的教育过程中	T7. 发展能大力激发学生潜能的教学与学习环境，提高非凡的学习体验过程	T9. 创新科研以产生具有影响力的科研成果
	T2. 增加招收高质量国际学生	T5. 研究生科研能吸引全世界最好的学生		T10. 同商界、公众和其他合作伙伴一道创造社会和经济价值
	T3. 发展和保持高水平的国际战略合作伙伴关系	T6. 大幅提高我们的科研收入	T8. 吸引和支持来自不同背景的优秀学生	T11. 影响社会、公共政策和文化
战略促动因子（Enabler，简称 E）	建设一个可持续、有效和高效率的机构			
	E1. 与其他组织建立战略伙伴关系以显著提升价值	E2. 提供一流的设施	E3. 确保更多时间用于学术发展	E4. 改进核心系统和流程 / E5. 管理组织业绩
	稳健的金融政策（简称 F）		重视并发展自身员工（简称 S）	
	F1. 研究收入进取型增长	F2. 用来源于不同渠道的收入增加对于我们未来的投资	S1. 在更广的范围内发展员工的领导技巧	S2. 在所有组织层次上确保最有效的沟通，并成为学校价值观和战略的主人
价值	学术卓越			
	社区	包容	诚信	专业

战略保证：坚定学校作为国际化高校的立场，争取在世界顶尖科研领域争得一席之地，激发学生开发自身潜力，扩大学校在本地及国际上的影响力，维持学

校机构持续、高效地运行，保持稳健的财政政策，重视员工的自身发展。利兹大学将国际化发展作为学校发展的主战略，是基于它对大学国际化发展的深刻认识。首先，它认为，学生会从国际化、多元文化的教育中受益；国际化的教学内容和学习经历会使来自英国和世界各地的学生深受启发；学生会从海外学习经历中大获裨益；高水平的毕业生对学校的声誉和影响具有重要的意义；学校科研成果的水平与其能够吸引来的学者和合作伙伴有着重要的关系；高水平的研究生，特别是来自全世界的优秀研究生，对学校获取科研资助意义重大；当科研面向世界的时候，学校才会在世界上具有影响力；研究型机构都在寻求欧盟之外的科研支持；将多余的科研能力用在海外能大大提高学校在学术圈的影响力。因此，学校的国际化发展是国际一流大学的使命、荣誉、资质的代名词，也是学校今后成就更大辉煌的关键。

为此，利兹大学特任命了一名新的国际项目负责人，主管国际化战略的执行，以确保学校的各项活动与国际化发展目标相结合。在推出国际化战略之后，利兹大学踏上了发展的快车道。通过努力，利兹大学已经吸引了来自英国和世界上超过 130 个国家的 5 000 余名优秀学生，成为英国最大的海外招生机构之一。在激烈的竞争中，为保持这一地位，该校进行投资以保证高品质国际学生生源。在现有的德里和吉隆坡海外办公室的基础上，利兹大学增设上海办事处以加强学校的海外力量。这些机构辅助市场开发和学生录取工作，同时也为与国际校友加强联络提供了重要平台。海外办公室还与英国商务机构建立了密切联系，为利兹大学国际多样性和国际化发展奠定了坚实的基础。

利兹大学认为，作为一所世界一流的大学，与应对全球性挑战的领导机构建立战略伙伴关系是其使命的重要组成部分。为此，利兹大学参与创立了来自五大洲共有 16 所研究型大学参与的"世界大学网络"（WUN），还参与了其他重要的国际伙伴联盟，包括约克郡的大学组成的"白玫瑰大学联盟"（White Rose University Consortium）等，在国际舞台上具有越来越高的知名度，在国际化发展的轨道上越走越快。

4.3　日本大学

4.3.1　日本东京大学

东京大学是日本国立大学，前身为日本东京帝国大学。1877 年，原"东京开成学校"与"东京医学校"合并为东京大学。东京大学是日本第一所现代大学，也是日本著名学府，作为日本的代表性大学，为近现代日本的发展做出了巨大的贡献。二战后的 1949 年，正值在日本国家宪法指导下进行教育改革之际，东京大学决心从以往的历史中学习经验、去除糟粕，作为有助于形成一个民主和平的国家社会的新式大学而重新出发，并因应社会的需求，致力于促进科学和技术的飞跃性发展，同时努力构筑先进的教育和研究体制，推动改革步伐。

现今，经过创立期、战后的改革时代，伴随着国立大学法人化，东京大学迎来了第三大发展期，追求得以更自由地发挥自律性的崭新地位。同时，东京大学将秉承长期以来的积累，郑重地把目标定位于培育学术研究方面作为世界水平的牵引力量，并能为实现社会公正、科学技术的进步和文化创造作贡献，具有世界视野的市民精英。东京大学作为面向世界的大学，在组织机构中由校长室的国际合作本部负责学校国际化事务，迎接来自世界各地区的学生以及教员，同时把东京大学的学生以及教员送往世界，在教育方面形成了国际性的网络。

东京大学与国外学校及其部门签订了合作协议以进行教育与科研的国际化。2005 年，东京大学创立了东亚·教养教育·创新组织（EALAI）这一国际教育项目，目的是与东亚国家分享东京大学自由的文科资源，旨在提升学生的整体发展；建立亚洲教育研究网络（ASNET），目的是为了更便于同从事与日本·亚洲相关的教育研究的研究者进行合作及信息交换，并探索新的教育和研究的可能性；共同建立了由世界四所顶尖的科技大学联合而成的国际性合作组织全球持续性联盟（AGS），其中包括瑞士联邦技术研究所、美国麻省理工学院、日本东京大学和瑞典查尔姆斯理工大学，该联盟成立于 1997 年，目前聚集了几百名科学家、工程师，就环境、经济和社会目标的交叉点发表观点和见解。

据东京大学的概要统计，截至 2008 年 5 月 1 日，东京大学与国外学校/签订了 100 件校际战略合作协议和 7 件校际学生交流协议；在部门层面，签订了 164 件部门合作协议和 24 件部门短期交换留学协议（见图 4—7），涉及共计 49 个国家（地区）；共签订 295 个国际交流协议，其中包括 6 个多边协议。

东京大学的留学生交流为其国际化增添了强大动力，主要可以分为派遣和接收留学生。在派遣方面，东京大学赴国外的留学生总数从 1999 年的 271 人增加到 2008 年的 388 人，十年间增加了 43.2%（见图 4—8），其中本科生和硕士生

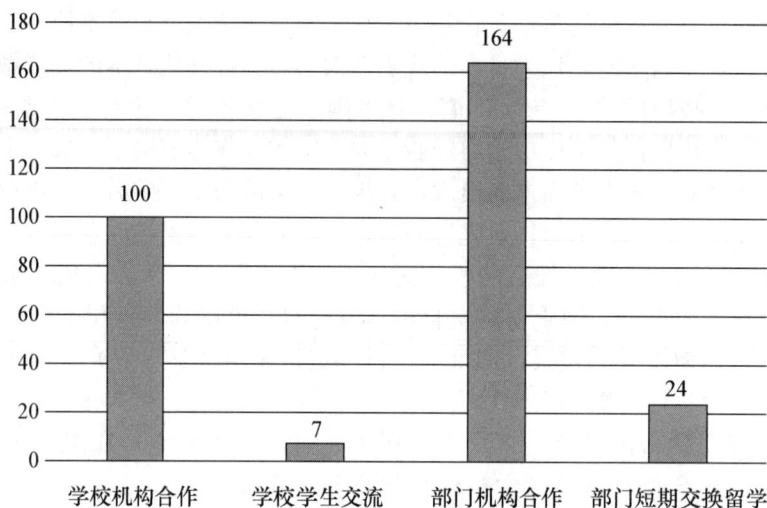

图 4—7 1999—2008 东京大学国际合作协议

资料来源：东京大学の概要。

比例基本持平，而博士生的比例远超过总人数的四分之三，说明东京大学外派留学生更加注重为学术服务。

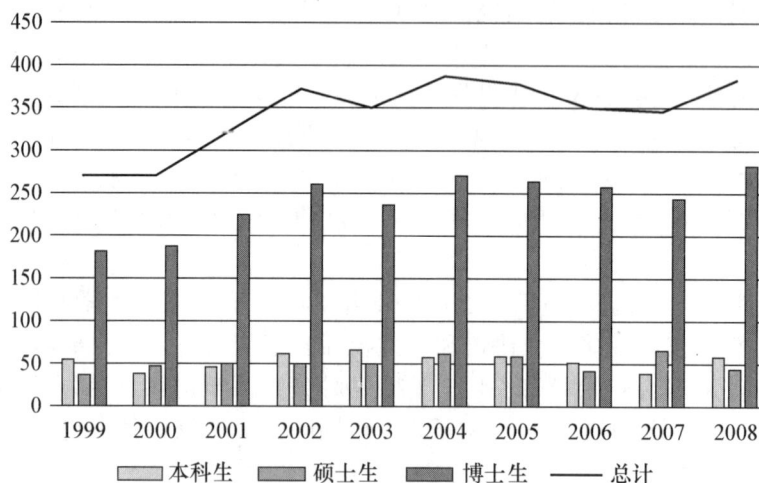

图 4—8 东京大学到国外留学生人数

资料来源：东京大学の概要。

东京大学接收的留学生总数从 1999 年的 1 924 人增加到 2008 年的 2 444 人，

十年间增加了 27.0%（见图 4—9），与派出留学生数量相比，国外赴东京大学的留学生数量要多得多，说明东京大学对国际人才的吸引力很强；其中研究生的比例远超过总人数的一半，说明赴东京大学留学生也主要围绕学术目的。

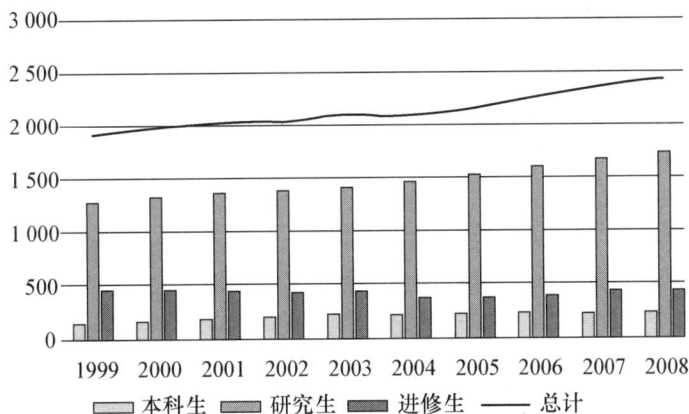

图 4—9　东京大学外国留学生人数

资料来源：东京大学の概要。

从 2008 年的数据来看，东京大学接收的外国留学生主要来自亚洲（1 966 人），占有绝对多数的 80.4%，说明东京大学在距离其最近的亚洲国家辐射力最强；其次分别来源于欧洲（222 人）、中南美洲（75 人）、北美洲（64 人）、中近东（54 人）和非洲（32 人）；最少的为大洋洲，仅有 31 人（见图 4—10）。

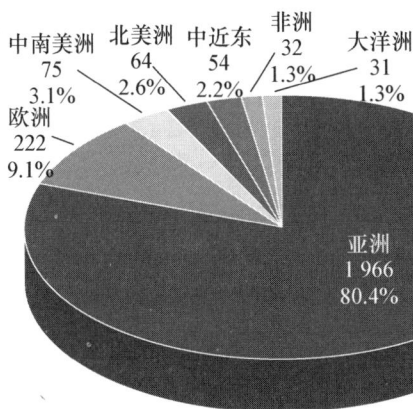

图 4—10　东京大学外国留学生来源（2008 年）

资料来源：东京大学の概要。

　　东京大学在派遣和接收学者方面，总数从 1998 年的 7 848 人增加到 2007 年的 11 104 人，十年间增加了 41.7%（见图 4—11），其增速要高于留学生交流总数增速，说明东京大学对学者交流方面的重视程度很高；从结构上看，1998 年派遣的学者是接收学者的 3.6 倍，说明东京大学学者交流方面主要以派遣学者为主，而到 2007 年则变成 2.3 倍，来访的学者数从总量和比例方面都有增加，可见其国际交流频繁程度不断增强。

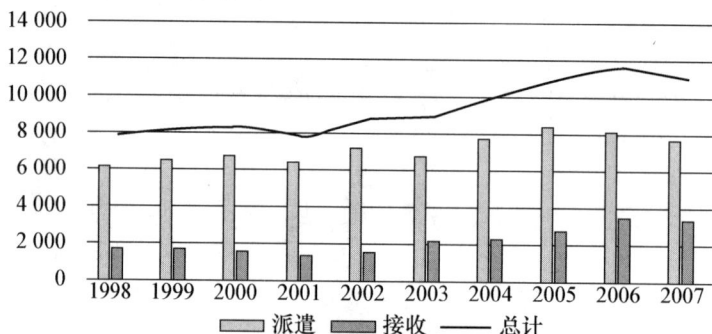

图 4—11　东京大学学者派遣和接收人数

资料来源：东京大学の概要。

　　从 2007 年东京大学学者派遣分布的数据来看，东京大学派遣学者主要分布于亚洲（2 629 人），占 34%；其次分别为北美洲（2 354 人），占 30.4%，欧洲（2 280 人），占 29.5%，大洋洲（192 人），占 2.5%，中南美洲（132 人）、占 1.7%，中近东（90 人），占 1.2%，非洲（55 人），占 0.7%（见图 4—12）。

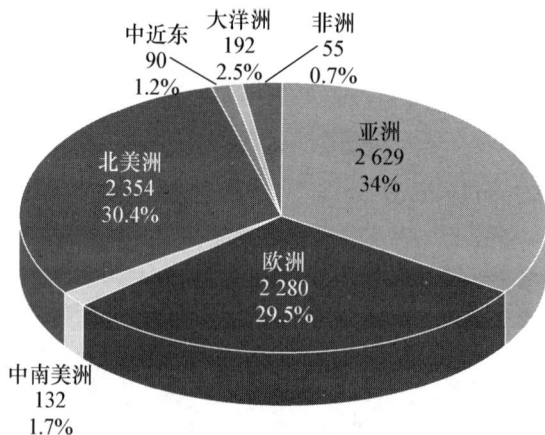

图 4—12　东京大学学者派遣分布（2007 年）

资料来源：东京大学の概要。

从 2007 年东京大学学者接收分布的数据来看，东京大学接收学者主要来自亚洲（1 483 人），占 44%；其次分别为欧洲（889 人），占 26.4%，北美洲（859 人），占 25.5%，大洋洲（49 人），占 1.5%，中南美洲（47 人），占 1.4%，中近东（30 人），占 0.9%，非洲（15 人），占 0.4%（见图 4—13），其排名顺序与派遣分布一致。

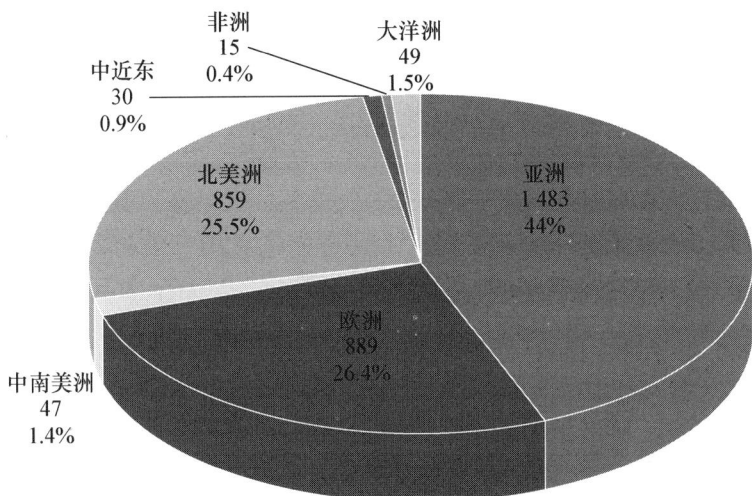

图 4—13　东京大学学者接收分布（2007 年）

资料来源：东京大学の概要。

东京大学为拓展长期国际交流，在国外设立了大量的分支机构：在中国建立的机构有昆明理工大学生产技术研究所、西藏 AS 伽马射线观测据点、南京教养教育中心、哈尔滨兽医研究所、北京代表所、中科院连携研究室、医科学研究所北京代表处、地震研究所中国办事处、亚洲历史学交流站、社会科学研究所北京研究基地、无锡代表处、榆林学院生态文化回复中心，另外还有众多亚洲国家的分支机构；大洋洲的东京大学宇宙线研究所国际高能天体物理学观测据点；中近东的东京大学医学教育共同研究中心（喀布尔医科大学）；中南美的东京大学宇宙线研究所恰卡塔雅山宇宙物理观测据点；北美洲的包括密歇根州立大学的东京大学奇特核体系海外研究室的 8 个分支；欧洲的包括东京大学伦敦据点的 10 个分支。如果算上正在建设的国外的分支机构，总数为 141 个。

在共建研究机构方面，日本东京大学与法国国家科研中心共建了集成微机电系统实验室（LIMMS），这正是因为日本在该领域处于世界领先地位。2012 年 2 月，该联合研究单元成功申请到欧盟第七框架计划下的欧盟外国家联合实验室

（INCO-lab）项目，成为欧盟委员会在日本的首个国际实验室。

在国际化战略方面，日本东京大学 2005—2008 国际规划提出了国际化使命实现的具体策略包括：（1）提供国际高标准的教育；（2）通过加强国际研究网络促进研究活动；（3）促进与国际社会的合作；（4）基础设施的改善，促进"内部国际化"；（5）制定一个长期的国际化计划（The University of Tokyo，2005）。进一步，在 2009 年，新任东京大学校长滨田纯一提出了"FOREST2015 行动方案"，旨在将东京大学建设成为日本最领先的大学，开展卓越的科研教育活动，以担负起引领日本与世界的未来的使命。FOREST2015 提出了东京大学在国际化上的具体战略，并且提出了一些可考核的量化指标：

1. 确保学术多样性和追求卓越

通过国际开放的招聘程序雇用最高水平的国外研究者；提升住房条件和外语条件；扩大英语博士论文的比例，并在学位委员会中吸收外国人；加强国际公共关系活动，举办国际会议，增加对 UTokyo 高级研究所的支持；在 50 多个不同的领域建立国际研究中心。

2. 建立真正的全球校园

全面实施"国际化 UTokyo 2010—2020"战略，旨在拓宽与其他亚洲国家知名大学师生的交流；举办"UTokyo 论坛"，出版多语言出版物，并在国际上加强研究成果宣传，加强与亚洲其他国家的关系；到 2015 年，为所有学生提供包括留学项目的国际学习机会；到 2020 年，相对于 2010 年，国际学生的数量增加至少 12%，外国教员至少增加 10%，英语课程数量增加 3 倍。

4.3.2 日本京都大学

京都大学（Kyoto University），是一所本部位于日本京都市左京区的国立研究型综合大学。京都大学前身是日本第二所旧制帝国大学——京都帝国大学，亦为京都学派的发祥地。自 1897 年成立以来，京都大学强调开放，建立了独立和自力更生的学术传统，进行了培养优秀人力资源的教育和伦理研究，为在地球上的人类和生态社区和谐共处做出了重大的社会贡献。

京都大学在国际化方面做出了众多的努力：建立了一套多样化创新国际化的教育和研究项目与计划。比如，2000 年提出京都大学国际交流原则；2005 年，为促进与国外的教育和研究机构密切合作，提出了国际战略，开始积极发展国际交流，并指出国际战略的三个关键是目标、实现目标的具体措施和优先发展领域。此外，建立了国际战略委员作为执行董事会咨询机构，以利于讨论和实施大学整体国际化战略。2013 年 5 月 1 日，京都大学提出了《京都大学 2020 国际化战略》，其特色为其国际化指标倍增战略，此战略对京都大学多个方面进行了细致的量化考虑，主要着重于三个方面：研究、教学和国际贡献。研究目标为：达成具有全球竞争力的一流研究；教学目标为：培养具有优秀国际技能的人力资源；国际贡献目标为：人类社会与环境的和谐共处（见表 4—3）。

表 4—3　　　　　　　　　　　京都大学 2020 国际化战略

	战略目标	外国研究者	国际合作论文	国际会议
研究	具有全球竞争力的一流研究	2013 年为 3 190，到 2020 年增加到 6 500；2013 年国际教师为 240，国际研究者为 2 950，到 2020 年国际教师增加到 500，国际研究者增加到 6 000	2013 年为 30%，到 2020 年增加到 60%	到 2020 年增加到每年 5 个；通过环太平洋大学联盟（APRU）和东亚研究型大学联盟（AEARU），积极创建全球网络；提高大学的国际吸引力来促进"人才环流"的良性循环；创建一个全球网络来连接人力资源和信息
	战略目标	出国留学人数	本校留学生	英语水平
教学	培养具有优秀国际技能的人力资源	2013 年为 779（短期 235，中长期 544），到 2020 年增加到 1 600（短期 600，中长期 1 000）	2013 年为 2082，到 2020 年增加到 4 300	英语课程比例 2013 年为 5.1%，到 2020 年增加到 30%；50%的本科毕业生达到 80 分或以上的托福—iBT 考试（雅思 6.0 或更高版本）成绩
国际贡献	战略目标			
	人类社会与环境的和谐共处			

京都大学国际化战略举措：

（1）提供大量的学生出国留学的机会，并促进教师和工作人员的国际化。使用公休假系统为教师提供到海外大学开展合作研究的机会，员工能胜任英语（托业分数 800）人数从 49 人增加到 140 人。

（2）实现国际化学术论文的比例、国际教师的比例、国际学生的比例倍增。提高引文的数量和获得有竞争力的研究经费，从《泰晤士高等教育》排行榜第54名提高到世界前十名。

（3）国际宿舍从400间增加到800间。

（4）国际学术交流协议从93件增加到200件，国际学生交换协议从69件增加到150件。

（5）积极招聘国际法律人员和国际技术转让员工，创建与海外大学、研究机构和企业合作的网络。

（6）提高大学的国际影响力，提高海外校友会的国际影响力。

（7）伴随着国际化的风险，学校将提供所需的协助管理，包括管理京都大学的学生和教师海外旅行风险，以及国际研究人员和学生在京都大学学习风险。

（8）组织机构改革：将各部门国际化功能整合，建立国际战略委员会。

（9）ICT技术运用：通过远程学习系统与京都大学的海外合作伙伴机构进行交流。进一步促进信息通信技术在国际化中的应用。完善大学外国语言网页，积极传播全球研究和教育内容，增加传递知识信息的机会。在其他方面积极应用信息通信技术，包括教育和研究活动，利用数据库分析工具来了解海外大学的发展趋势，并通过互联网实施讲座和会议。

（10）建立京都大学国际学院。

4.4 德国大学

4.4.1 海德堡大学

海德堡大学是德国最古老的大学，也是神圣罗马帝国继布拉格大学和维也纳大学之后开设的第三所大学。它脱胎于巴黎的Sorbonne大学，成立于1386年，原校名叫鲁普莱希特-卡尔大学，这是为了纪念两位办学名人。16世纪下半叶，海德堡大学就成为欧洲科学文化的中心。

20世纪90年代以来，海德堡大学通过一系列科研方面的校际交流合作在医学、生命科学、物理学、数学与信息学、法学与大众经济学等学科获得了良好的声誉。作为德国第一所大学，海德堡大学在海外如埃及、智利与美国马萨诸塞州等地建立了分校，以扩大学校的知名度。海德堡大学特别重视研究，在科研方面发展很快。最成功的例子是 1985 年建成的海德堡科技园，定位为以生命科学为核心的国际化园区，目前已经成为全球首屈一指的生物科技研究中心。

至 2011 年，海德堡大学已建立了一个科研与教学的全球网络，与世界上 370 所大学有交流计划，是 19 个大学伙伴关系、国际研究生院与博士生院及欧洲网络如"欧洲研究型大学联盟"和"欧洲大学协会"的成员，显示出海德堡大学所编织的强大的国际网络。

除此之外，学校在学院、研究所与教授席层面上也有大量的科研与教学领域的合作，而且在拉丁美洲、北美洲、亚洲及中东欧均设有分支机构、联络处等。约 20% 的海德堡大学学生来自国外；注册的外籍博士生甚至占到了 1/3。德国文化交流中心最近的报告显示，海德堡大学是被授予博士学位的外国人最喜爱的德国大学。

德国高校目前被要求争取的"国际化"和"世界品牌质量"，海德堡大学均已经具备了。同样，它可以在国际上已经明显得到发展的研究重点方面继续建设，这些重点在很多情况下都是跨学科的。海德堡大学重要的竞争优势还在于拥有大量与校外研究机构建立联系的机会——这是由大学所在地的特性决定的：海德堡是一个比较小的城市，城市中拥有大量的校外研究机构，所以它们之间的距离也很近。

4.4.2　慕尼黑大学

慕尼黑大学，全称为路德维希-马克西米利安-慕尼黑大学，始建于 1472 年，是德国历史最悠久、文化气息最浓、久负盛名的公立大学之一。

慕尼黑大学作为欧洲最著名的大学之一，以其雄厚的学术研究实力享誉世界，曾经培养造就过 34 位诺贝尔奖得主。2006 年 10 月，慕尼黑大学成为德国为提升大学研究质量实施的"德国大学卓越计划"中的"精英大学"之一，并且为首轮第一批入选的三所学校之一。在 2012 年 6 月揭晓的第二轮卓越计划评选中，该大学依旧维持其精英大学的地位，并获得德国联邦政府的研究资助。

在《泰晤士高等教育》于 2014 年 10 月所发布的世界大学排名中，慕尼黑大学除了持续保持德国最优秀大学的地位外，还首度迈入世界最佳大学的前 30 名之列，为第 29 名。而在同年发表的上海交通大学世界大学学术排名中，慕尼黑大学则与海德堡大学并列为德国最佳大学。

　　慕尼黑大学与世界各地的 400 多所著名高校伙伴都有合作。其国际化的区域重点是欧洲、北美洲和亚洲，这与其约有来自 125 个国家的 7 600 名学生的情况相符。该校是来德国留学的绝大多数国外大学生的学术故乡，其外籍学生的比例占 16％，其中 25％来自欧洲，15％来自业洲，6％来自美洲。约 1 500 名客座科学家在该大学从事教学与研究工作，其中洪堡基金的奖学金获得者有 70 人，这些出类拔萃的外国科学家在德国高校科研人员中所占份额是最大的。

　　截至 2011 年初，慕尼黑大学约有学生 48 180 人，年度预算为 4.89 亿欧元。其中，外国留学生约占总人数的 14％，他们把在这里的学习视为对自身未来的投资和职业生涯的跳板。慕尼黑大学设立了 130 门专业课程，为学生提供丰富的学科选择，有些课程还是德语国家大学中绝无仅有的。

第 5 章

中国高校科技国际化的
现状及成效

5.1 中国高校科技国际化的发展历程

改革开放以来，随着科技国际化和中国对外开放的深入发展，中国高校的国际科技合作工作也呈现持续、快速发展之势，合作领域逐步拓展、合作对象日趋多元、合作形式更加多样。总体上看，改革开放30多年来，中国高校科技国际化经历了三个相互联系的发展阶段。

5.1.1 改革开放至 20 世纪 90 年代初：恢复发展阶段

"文化大革命"期间，科技工作秩序和业务被破坏和打乱，中国科技、教育事业处于停滞状态，建国初期所形成的国际科技合作交流态势事实上被中断了，中国高校与国外同行基本上处于隔离状态。1978年，中国政府做出了改革开放的重大决策，在加大经济对外开放的同时，把加强国际科技合作当作国家科技事业发展的一项重要任务来抓，确定了该阶段国际科技合作的具体方针，调整了对科技外事工作的归口管理，建立了引进人才工作管理体制，加强了驻外机构的科技调研。

各高校敞开大门广交朋友，积极开展国际交流，高校的国际科技合作交流逐步得到了恢复和发展。一是引进了大量资金，其中包括了世界银行贷款以及一些发达国家的国际基金的援助，让国内部分重点高校装备了一批较为先进的教学、科研仪器设备，为高校科研工作的启动和发展起到了非常重要的作用。二是扩大了国际人才交流，使得中国高校的教学、科研人员较快地进行了知识更新，缩短了与发达国家同类人员在学术水平和科研能力方面的差距；通过联合培养博士生和开展联合科技攻关，促进了高等学校新兴学科和交叉学科的建立与发展，促进了高等学校的学科建设。三是通过国际合作带来了信息和文化的交流，引入了世界著名大学先进的管理经验和方法，促进了中国大学教育、科研观念和思维模式的变革，加速了中国教育和科研管理科学化以及教育技术现代化的进程（陈昌贵，2001；程如烟，2008）。

5.1.2　20世纪90年代中后期：全面发展阶段

1992年邓小平南方谈话之后，中国对外开放格局进一步拓展，高校科技国际化事业也得到了全面发展。20世纪90年代末以来，国内许多高校纷纷以"大学国际化"为导向，相继提出了建设国际化大学、世界一流大学、国际知名大学等口号，高校国际化浪潮由此而生。在这个阶段，高校科技国际化的范围、内容、领域、形式等方面都取得了很大进展，形成了对外合作的基本格局。合作范围从改革开放初期的以发展中国家为主发展到包括与西方发达国家在内的世界主要国家；合作内容在最初比较单一的科学研究、技术引进的基础上，开始了更广泛的产业研究开发等；合作领域从最初的传统领域发展到生物技术、空间技术、信息技术、自动化技术、激光技术以及新材料、新能源等高新技术领域；合作形式从最初的人员往来和技术引进发展到联合开展研究项目、中外联合在华或在外合办科研机构。一个多层次、多渠道、多形式的全方位国际科技合作新局面基本形成。

5.1.3　新世纪初至今：深化发展阶段

随着中国加入世贸组织，中国对外开放的广度和深度进一步拓展，国际科技合作也纳入了国家总体战略，得到了高度重视。2000年，中国制定了首个国际科技合作发展规划纲要——《"十五"期间国际科技合作发展纲要》，对中国"十五"期间的国际科技合作做出了总体部署和安排，提出要提升合作层次，加快实现从一般合作与交流向主动利用全球科技资源的战略转变。2001年，科学技术部设立了"国际科技合作重点项目计划"。该计划是国家层面上第一个、也是唯一的旨在通过整合、统筹，充分利用全球科技资源，提高自主创新能力的对外国际科技合作与交流平台。2006年，科学技术部发布了《"十一五"期间国际科技合作实施纲要》，围绕建设创新型国家的总体目标和《国家中长期科学和技术发展规划纲要（2006—2020 年）》的重点任务与要求，提出了"十一五"期间国际科技合作的战略转变和重点合作领域。2012 年，发布实施了《国际科技合作"十二五"专项规划》。在国家战略的推动下，高校的国际合作与交流日趋频繁，合作的规模也越来越大。

5.2　中国高校科技国际化的现状特点

新世纪以来，随着中国科技对外开放程度的提升，中国高校参与国际科技合作日趋活跃，国际科技合作发展迅速，合作领域不断拓展，合作交流规模不断扩大，合作程度日益深化，形式和层次向更高水平发展，对促进中国科技国际化进程、增强中国科技创新实力，特别是提升高校科学研究能力和人才培养能力发挥了重要作用（魏达志，2005）。

5.2.1　合作方式不断创新

合作形式加速转型、不断创新是近年来中国高校科技国际化发展的主流趋势之一。高校国际科技合作已从过去学习考察、参加国际学术会议和展览会等方式，发展到合作研究、联合设计、联合调查、合办实验室和研究机构、合资开展高技术研究、支持留学人员回国建立科研基地或回国创业，以及中国高校科研人员到境外参与合作研究、创办孵化器等多种形式。特别是新世纪以来，共建合作基地和平台，已成为高校科技国际化的重要形式。

（1）人才交流。

高校开展海内外人才交流的主要方式包括：以合作研发项目为载体的人员交往（如赴国外高校及科研机构从事访问研究等）、引进海外人才、招聘外籍教师、招收国外留学生以及高校学生赴外留学等。近年来，中国各种形式的海内外人才交流呈现快速发展态势。

从国际科技合作研究的人员交流情况看，2007—2012 年中国国际合作研究派遣人员和接受人员年均增长率分别达到 11.7% 和 6.5%。2012 年，中国高校国际科技合作研究累计派遣人员达到 41 500 人次，比 2007 年的 23 864 人次增加了 73.9%；接受人员达到 37 213 人次，比 2007 年的 27 175 人次增加了 36.9%（见表5—1）自 2008 年开始，中国高校科技合作研究派遣人员人次超过接受人员人次且差距逐年增大（见图5—1），这说明，中国高校的科技合作研究模式开始更多地转变为"走出去"学习。

表5—1　　　　　　　　　　中国高校参与国际合作研究的人次情况

	2007 年	2012 年	增长率（％）
派遣人次	23 864	41 500	73.9
接收人次	27 175	37 213	36.9
出席人次	98 888	144 492	46.1

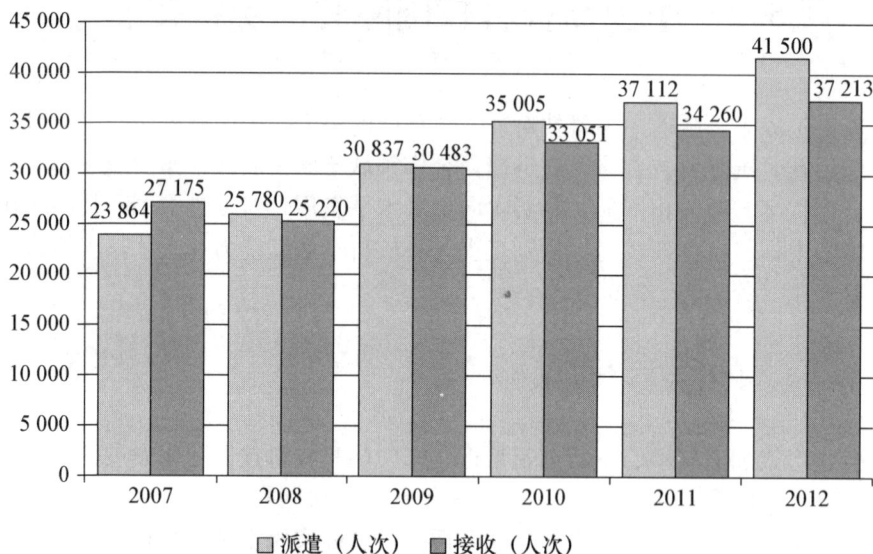

图5—1　中国高校国际合作研究派遣人员和接受人员增长情况

从人才引进情况看，近年来，中国高校依托国家和各地方的人才引进计划，加大对海外人才及留学人员的引进和集聚力度，基本形成了包括留学生、青年千人计划、国家千人计划在内的多层次海外人才引进格局。据统计，近年来，高校聘请的外籍教师和科技专家呈现大幅度增加态势，2012年聘请的外籍教师数达到了13 872人（见表5—2）。

表5—2　　　　　　　　　　中国高校聘请外籍教师情况　　　　　　　　　　　单位：人

年份	合计	博士	硕士	本科	专科及以下
2012	13 872	4 768	4 062	4 969	73
2011	13 191	4 442	3 701	4 867	181
2010	11 567	2 885	3 353	5 241	88

说明：不包含民办的其他高等教育机构数据。

数据来源：中华人民共和国教育部统计数据（从2010年才开始有官方统计）。

　　从国际化人才培养情况看，中国高校与国外高校建立了比较稳定的人才培育合作关系，以外派留学生、出国培训、招收国外留学生以及联合培养为主要特点的多样化、国际化人才培养格局初步形成。来自教育部的统计显示，改革开放30多年来，到 2013 年底，中国出国留学总人数已达到了 305.86 万人，其中72.83％学成后回国发展（见图 5—2）。2013 年，中国 41.39 万各类留学人员中，选择学成回国的共有 35.35 万人，回国率达到 85.41％，其中自费留学回来的有33.15 万人。近几年，中国公派留学的规模不断扩大，国家公派出国留学的选拔录取规模从 1996 年的 2 044 人增至 2014 年的 21 350 人，增长了 9 倍多。与此同时，中国还建立了多元化资助工具，通过向国际一流大学或科研机构派出科研骨干，联合培养硕士和博士研究生等多种方式，培养从事国际科技合作的优秀人才，据统计，2006—2010 年，全国出国（境）培训人数达 25.7 万人次。

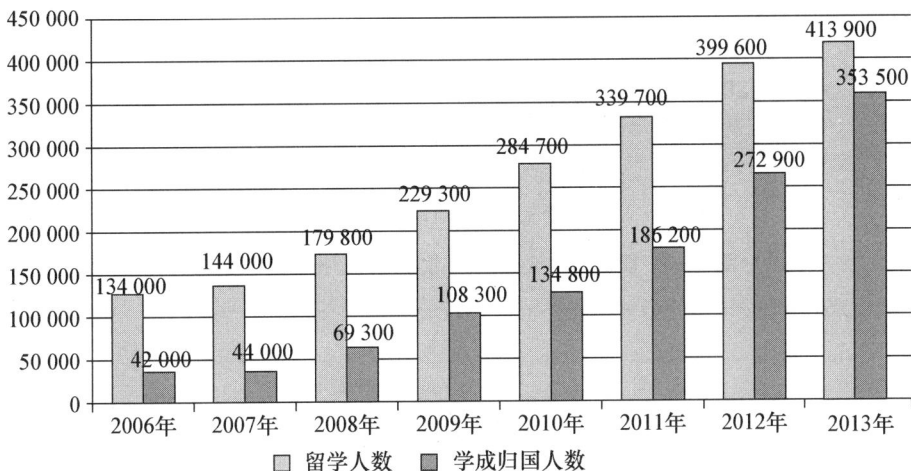

图 5—2　2006—2012 年中国留学人数及学成归国人数

资料来源：根据教育部留学服务中心相关统计资料绘制。

（2）国际会议。

　　举办国际学术交流会议，是中国高校开展国际科技合作的重要形式之一。近年来，中国高校主办、承办的国际学术会议越来越多，每年都在 1 900 次以上，且呈现上升趋势；交流论文由 2006 年的 58 513 篇增长到 2012 年的 98 656 篇，年均增长率达11.01％；特邀报告由 2007 年的 8 567 篇增加到 2012 年的 15 305 篇，年均增长率达12.31％（见表 5—3、图 5—3）。出席人员数也呈现逐年增长的趋势（见图 5—4）。

表 5—3 中国高校举办国际学术会议情况

	2006 年	2012 年	增长率（％）
交流论文篇数	58 513	98 656	68.6
特邀报告个数	8 567	15 305	78.7
主办交流会议次数	1 919	2 539	32.3

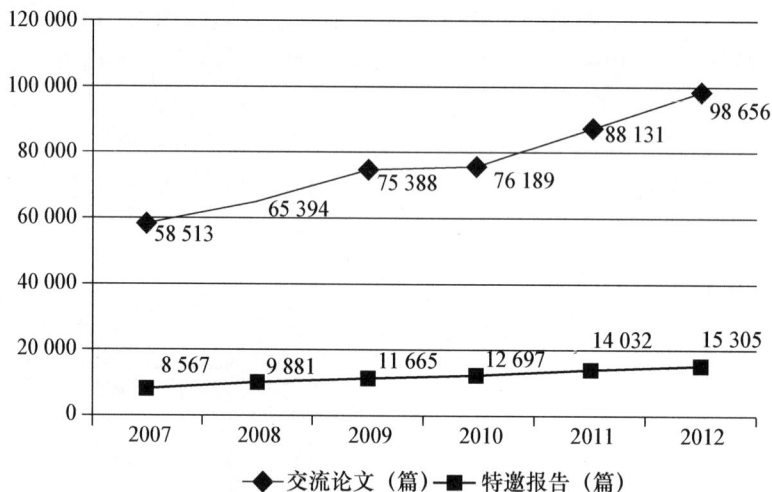

图 5—3 国际学术会议交流论文和特邀报告增长情况

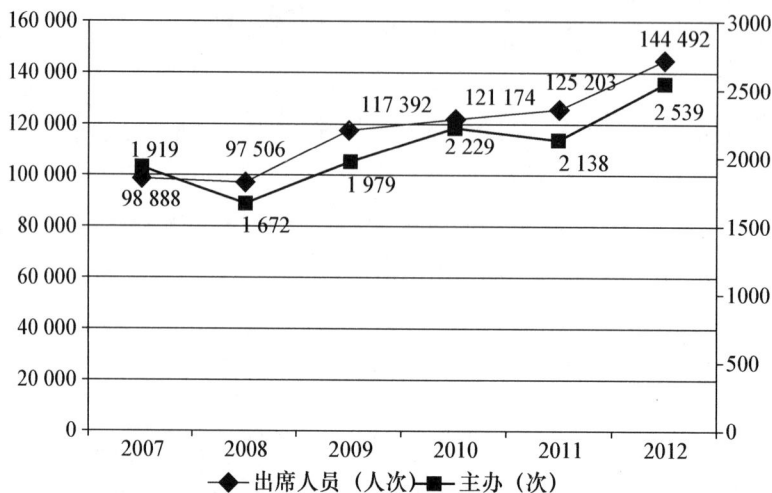

图 5—4 主办国际学术会议和出席人次增长情况

（3）合作研发。

联合开展科技项目的研究与开发，是高校科技国际化的高级形态之一。近年来，中国高校与海外大学、科研院所及跨国公司等创新主体之间的合作研发呈现快速增长态势，合作领域加速拓展。高校参与国际科技合作的领域正加速从传统技术、基础学科，扩大到生物技术、空间科学、信息、自动化、新材料、新能源、激光等高技术领域。目前，中国高校已与国外在生物技术、空间技术、信息技术、自动化技术、激光技术以及新材料、新能源等领域开展了多渠道、多层次的联合研究。中国科研人员参与国际性的大科学研究计划项目渐趋频繁；与此同时，中国"973""863"等研究计划也开始实施对外开放，吸收外国科学家参加（魏达志，2005）。从统计数据看，2009 年以来，中国高校与境外机构、境内外资企业合作以及来自境外的 R&D 课题数量比较稳定（见表5—4、5—5、5—6）。

表 5—4 　　　　　　中国高校与境外机构合作开展的 R&D 课题情况

	R&D 课题数（项）	投入人员（人/年）	投入经费（万元）
2009	2 893	2 284	56 100
2010	3 053	2 094	81 337
2011	4 527	3 212	3 783
2012	3 070	1 840	66 696

表 5—5 　　　　中国高校与境内注册的外商独资企业合作开展的 R&D 课题情况

	R&D 课题数（项）	投入人员（人/年）	投入经费（万元）
2009	365	192	4 336
2010	450	244	5 481
2011	429	179	329
2012	461	214	6 327

表 5—6 　　　　　　　中国高校来自境外的科技项目情况

	R&D 课题数（项）	投入人员（人/年）	投入经费（万元）
2009	3 515	1 928	39 988
2010	3 557	1 762	50 087
2011	3 561	1 652	13 486
2012	3 498	1 542	62 387

总体上看，中国高校开展的合作研发主要包括以下几种形式：一是与海外创新机构联合承担中国科技部、自然科学基金委等国家部委或各地方设立的国际科技合作专项计划项目。目前，科技部设有国际科技合作专项计划，国家自然科学基金委也有国际合作项目，包括上海、北京等地的政府科技管理部门都设有国际科技合作专项计划。科技部的国际科技合作专项计划每年经费预算约 13 亿元，上海市科学技术委员会的国际科技合作计划近几年的经费预算也都在 5 000 万元人民币以上（见图 5—5），这些科技计划虽然不只是面向高校的，但高校承担的项目在其所有项目中还是占有较大的比重。

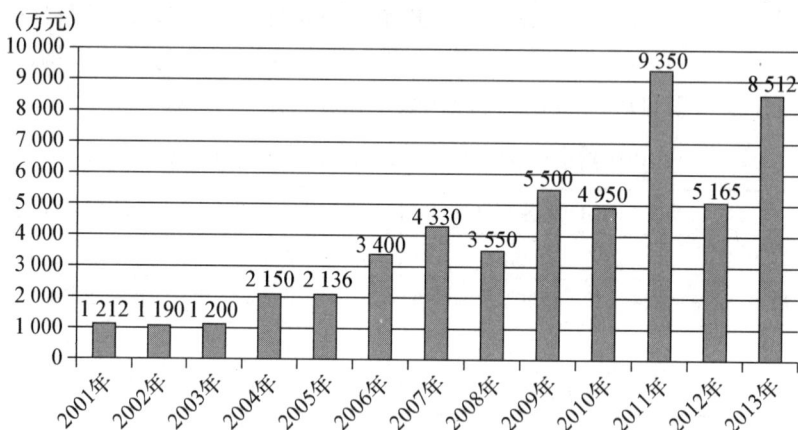

图 5—5　2001—2013 年上海国际科技合作项目计划经费投入情况

二是承接国外或国际组织的科技项目。近年来，中国许多高校参与了欧盟、联合国教科文组织等多个国际组织的科研项目，与国外科学家一道，为世界科技发展做出了重要贡献（见表 5—7）。例如，在欧盟第五框架计划中，中国成功申请的部分高校有大连海事大学、清华大学、北京大学等近 30 所大学。而在第六框架计划中，中国参与的高校增加到了 64 所（邢继俊，2013）。

表 5—7　　　　　中方机构参与欧盟框架计划情况表（按单位性质划分）

机构性质	科研机构		大学		企业		其他	
	项目数	占比	项目数	占比	项目数	占比	项目数	占比
第五框架	67	44.97%	52	34.90%	7	4.7%	23	15.44%
第六框架	126	37.28%	101	29.88%	51	15.09%	60	17.75%
合计	193	39.63%	153	31.42%	58	11.91%	83	17.04%

三是参与国际大科学工程计划项目。国际大科学工程是科学技术高度发展的综合体现，能否参与甚至主导国际或区域性大科学工程是一国科技实力的重要标志。近年来，中国高校通过积极发起和参与国际和区域性大科学工程，与世界主要科技大国开展广泛、平等合作，巩固了在中国主导的大科学工程中的战略主导地位，提升了中国国际话语权，扩大了国际影响力。例如，中山大学参与了丁肇中教授领衔的 AMS——国际空间站上唯一大型科学实验，与美国麻省理工学院、瑞士日内瓦大学、荷兰航空航天局一起研制硅微条轨迹探测器的热控制系统（TTCS），通过参加该项目，中国可以在短时间内与国际接轨，掌握该技术，促进中国空间技术研究的发展，相关技术也对广东省相关产业的发展起到了重要作用。

（4）基地共建。

共建国际科技合作基地、机构或平台，是高校与国外开展国际科技合作的最高级形态之一，也是国内高校与国外创新主体形成比较稳定的合作关系的基本保障。随着中国科技对外开放程度的提高，特别是随着国内高校科研实力的增强，越来越多的国外高校、科研院所及创新机构开始倾向于与中国高校共建合作基地和平台。

目前，越来越多的高校与国外高校、研究机构以及国外和在境内注册的外资企业共建联合研发中心及合作基地，其中 50 家已被科技部批准为"国家级国际联合研究中心"，占全国 93 家研究中心的 54%；另外还建成了 70 家国家级"示范型国际科技合作基地"，占全国 316 家基地的 22%。在国家海外高层次人才创新基地中，高校有 18 个，占总数 115 个的 15.6%。

一些重点高校积极推动与国外高校、科研院所、跨国公司及有关组织合作共建创新平台和基地。例如，作为校企合作的推进平台，清华大学先后与丰田汽车公司、联合技术公司、西门子公司、波音公司等 30 多家海外企业成立联合研究中心，积极有效地整合双方的科技、智力和财力资源，相对稳定的合作有利于产生具有工业应用价值和社会影响力的重大科研成果。浙江大学与 IBM 公司、三菱公司等 20 余个海外企业建立了联合研发中心。

5.2.2　合作对象日趋多元

中国高校的国际科技合作来源很广泛，包括各种政府机构和国际组织、知名跨国公司和新兴的小企业、各类高等院校和科研院所等。近年来，高校与企业特别是跨国公司的合作呈现加速发展态势，近三年清华大学的国际科技合作经费中有

75%是从公司获得的，政府和国际组织仅资助了15%左右的经费（李红军等，2013）。

特别是，高校与跨国公司在华研发机构的合作迅速发展，中国高校已成为跨国公司在华研发机构最理想、最主要的合作伙伴，双方的科技合作蓬勃发展。跨国公司在华研发机构一向非常重视加强同中国高等院校的合作。早在20世纪90年代，部分跨国公司研发机构就开始通过购买设备、捐赠资金、项目研发等形式与国内一流高校开展科技合作。如GE研发中心与浙江大学、上海交通大学进行了清洁能源和电动汽车的联合研发。罗克韦尔自动化研究中心与清华大学、浙江大学、哈尔滨工业大学建立了合作实验室。通用汽车则分别与清华大学、上海交通大学联合成立了"通用汽车—清华大学技术研究所""通用汽车—上海交大技术研究院"。时至今日，跨国公司研发机构与国内高校的合作更是蓬勃开展，合作方式不断创新、合作领域日益拓展、合作动机更加多元，由以往简单的、临时的项目研发、人员往来转向建立长期的、稳定的战略合作与协同创新关系，已成为跨国公司研发机构与国内高校科技合作发展的新趋向。

中国高校与跨国公司研发机构互惠双赢的合作，为进一步实现协同创新奠定了良好基础。高校和跨国公司研发机构之间的优势互补与研发合作，既有效满足了跨国公司自身发展的需求，也为高校发展创造了难得机遇。如上海交通大学、复旦大学、浙江大学、北京大学、清华大学和西安交通大学等高校与上海欧姆龙传感控制研究开发有限公司保持常年业务往来，每年合作研发的项目多达50余项，参与研发合作的教师和学生人数累计达600多人。东南大学、上海交通大学、北京邮电大学等多所高校与西门子的合作经费占到了其研发总经费的20%左右。2006—2010年，上海交通大学与20多个国家和地区建立了科技合作关系，其中包括几乎所有的西方发达国家，以及大部分亚洲国家和地区。上海交通大学1997年与美国得州仪器公司建立了上海交通大学—美国得州仪器公司技术中心，十余年来，该中心已获得十余项国家发明专利，许多技术已经达到世界领先水平，并培养了一大批博士和硕士研究生，为后续承接更大项目、实现协同创新奠定了稳固的技术基础和人才队伍。

5.2.3 合作产出大幅增加

国际科技合作的产出主要体现为合作论文及国际专利，无论是从论文还是专利看，近年来，中国高校特别是重点大学的国际科技合作都呈现快速发展态势。

一是国际科技合作论文产出快速增长。高校是中国SCI论文的主要贡献单位，也是中国国际合作论文的最主要产出单位。据SCI数据库统计，2006—

2012 年收录的论文中，中国国际合作产生的论文数量增长约 1 倍，合作国家数也有显著增长。中国作者作为第一作者的论文数目占全部国际合著论文的 50％以上。中国合作论著的数量在全球的排名从 2006 年的第五位（18 330 篇）升至2012 年的第三位（43 727 篇），仅次于美国和德国。2006—2012 年中国国际合著论著平均年增长率达到 15.6％，高于美国的 6.6％和德国的 5.6％。2006 年中国国际合作论文占中国 SCI 论文总数的 21.8％，2012 年升至 24.4％，接近日本、韩国等亚洲经济发达国家（23％～29％）。

二是高校申请的国际专利快速增长。申请国际专利（PCT 专利）既是高校科研实力的重要标志，也是高校科技国际化及国际科技合作发展的重要因素。从世界知识产权组织网（http://www.wipo.in/pddb/en）提供的数据看（施婉君，2013），1994—2009 年期间中国高校申请了 1 086 件国际专利。其中，1994—1999 年，申请总量很少，平均每年不足 4 件；2000—2005 年，国际专利申请量明显比前 6 年呈快速增长，平均增幅近 10 倍；2005 年以后增幅更大，2006—2009 年4 年国际专利申请量占总申请量的 69％，平均年增幅为 42.6％。

从重点高校看，其国际科技合作也取得了良好成效，为进一步开展深入合作奠定了基础。据教育部对 16 所高校进行的抽样统计结果，中国高校已同 100 多个国家的近 2 500 个院所、科研机构、国际组织、企业建立了合作与交流关系，签订了 1 500 多个科研项目合作协议。据 2012 年对浙江 17 家高校、院所调查，2009—2011 年承担国际科技合作项目达 586 项，经费资助 3.84 亿元，项目经费主要来源于欧美地区，占总量的 60％以上；亚太地区占 35.6％，其中港澳、日韩的合作经费占比约为 80％。重点高校在中国国际科技合作总体格局中占有十分重要的地位，成效明显。例如，清华大学秉承"优势互补，互惠互利，创建一流，共同发展"的指导原则，与世界一流大学、研究机构和海外知名跨国企业通过共建联合研究机构、成立知识交流中心、委托研发、联合研发、设立合作研究基金、海外技术许可与转让等灵活多样的合作模式，积极开展前瞻性、高水平的科研合作与交流，极大地提升了清华大学的科研水平，促进了学科建设，培养了一批具有国际视野的优秀人才，增强了清华大学学术科研的国际影响力和知名度。北京大学近 5 年来已与海外 200 多个高校和研究机构建立了正式合作关系，合作国家和地区从欧美向亚非拉全面拓展，合作形式从双边合作向多边合作扩展，创建和加入研究型大学国际联盟、环太平洋大学联盟、东亚研究型大学协会等多个全球大学联盟。复旦大学"十一五"以来共引进各类高层次人才 358 人，其中从海外引进的占 73％；先后建立了北欧中心等多个国际合作平台，成立了复旦—耶鲁发育生物研究所等一批合作研究中心；每年引进长期专家近百名（李盛竹，2010）。上海交通大学国际科技合作论文的数量和占比呈现高速增长态势，从 2006 年的 19.62% 增长到 2010 年的 23.55%（见表 5—8），与 80 个国家开展了论文合作，其中与美国、日本、德国、英国、法国、加拿大、新加坡、韩国和瑞典 9 个国家的合作论文数量最多，与这些国家合作的论文数占国际合作论文总数的 80% 左右。

表 5—8 　　　　　　　上海交通大学国际论文和国际合作论文比较

年份	国际论文数量（篇）	国际合作论文数量（篇）	国际合作率	篇均被引次数比
2006	2 528	496	19.62%	2.17
2007	2 832	568	20.06%	2.05
2008	3 657	750	20.51%	2.20
2009	4 172	858	20.57%	2.13
2010	4 187	986	23.55%	2.09
总计	17 376	3 658	21.05%	2.04

注：篇均被引次数比表示国际合作论文篇均被引次数与非国际合作论文篇均被引次数的比值。
资料来源：余新丽、赵文华、杨颉：《中国研究型大学国际合作论文的现状与趋势分析——以上海交通大学为例》，载《中国高教研究》，2012（8）。

5.2.4　合作环境逐步优化

新世纪以来，随着中国科技创新实力的增强和对外开放程度的提高，开展国际科技合作、利用全球创新资源已成为中国科技界和教育界的普遍共识。党的十八大报告更是明确提出要以全球视野谋划自主创新，要推进开放式创新。可以说，无论是从战略层面、政策层面还是具体操作和服务层面，中国高校开展国际科技合作的整个环境都在逐步改善和优化。

一是高校科技国际化战略规划日趋明晰，政策逐步完善。 2006 年，中国发布的《国家中长期科学和技术发展规划纲要（2006—2020 年）》明确提出要"扩大国际和地区科技合作与交流""鼓励科研院所、高等院校与海外研究开发机构建立联合实验室或联合研发中心。支持在双边、多边科技合作协议框架下，实施国际合作项目"。《规划纲要》颁布实施以来，共有 69 项部门科技政策与 76 项地方科技总体发展规划和政策中提出了加强国际科技合作的举措（见图 5—6）。据不完全统计，科技部、中科院、农业部、国家中医药局、教育部等部门，制定发布了国际科技合作专门政策，从具体政策举措上明确、详细地阐明了国际科技合作重点任务部署（见表 5—9）。各地方政府结合实际情况，制定了适合自身发展的国际科技合作政策。

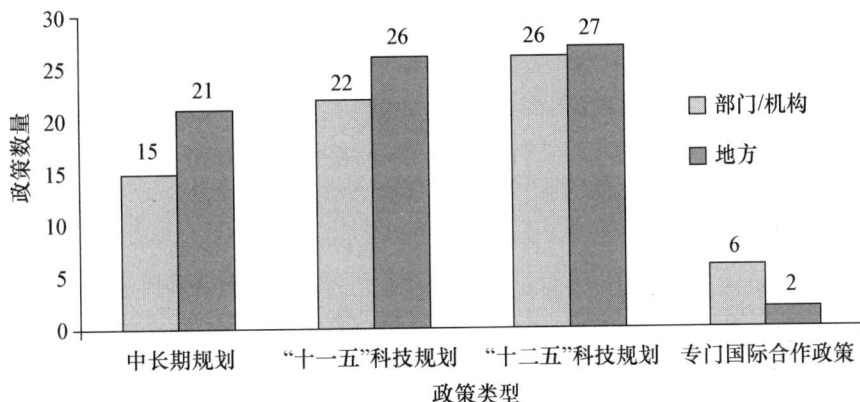

图 5—6　各主要部门/机构和地方包含国际合作内容的科技政策的数量

表 5—9　　　　　　　　　　主要部门/机构出台的国际科技合作专项政策

发布部门/机构	国际合作专项政策
科技部	《"十一五"国际科技合作实施纲要》《国际科技合作"十二五"专项规划》
中科院	《中国科学院国际合作发展规划（2006—2010）》《中科院"十二五"国际合作发展规划》
科技部、卫生部、国家中医药管理局	《中医药国际科技合作规划纲要（2006—2020 年）》
农业部	《农业国际合作发展"十二五"规划（2011—2015 年）》
教育部	《国家中长期教育改革和发展规划纲要（2010—2020 年）》《高等学校"十二五"科学和技术发展规划》

在国家战略和政策的推动下，许多重点高校也对国际科技合作进行了规划部署，国际科技合作已成为中国许多高校建设高水平研究型大学的重要战略（见表5—10）。北大、清华、复旦等知名高校都把开展国际科技合作纳入了学校整体发展战略。如，清华大学在《清华大学事业发展"十二五"规划纲要（2011—2015年）》中明确提出要积极参与国际大科学计划和大科学工程，重视与国际顶尖大学和科研机构的科研合作联盟建设。为此，清华大学在科研院下专门设置了海外项目部、配备了专职人员，对全校的国际科技合作工作进行统筹管理和规划实施，同时，学校还制定了比较完善的国际科技合作管理规章，确保国际科技合作工作持续发展。

表5—10   部分重点高校对国际科技合作的规划部署

序号	高校	规划名称	关于国际科技合作的内容
1	北京大学	北京大学"十二五"改革和发展规划纲要（2011—2015）	加强全英文学位项目、国际学位互授联授项目、海外暑期学校项目、海外暑期科研项目和海外志愿服务制度建设，鼓励和支持学生参与国际国内学术交流。全面深化和加强与香港大学、澳门大学、台湾大学、台湾"中研院"等港澳台地区重点高等学校和科研院所的交流与合作。借助"外专千人计划""长江学者奖励计划"和"高校学科创新引智计划"等对海外优秀教师的引进平台，以及"海外名师项目"等短期回国工作交流项目与政策，引进一批国际公认的高水平专家学者和团队。继续加强对海外优秀华人科学家的吸引和培养力度，着力推进优秀非华人科学家的引进工作。完善教师学术休假制度和教师国际交流合作能力支持体系，促进教师开展国际交流与合作。强化国际交流合作能力，健全国际交流合作管理结构，促进"请进来"和"走出去"的协调发展，营造卓越的国际化环境。
2	清华大学	清华大学事业发展"十二五"规划纲要（2011—2015年）	实施"学生海外培养拓展计划""留学清华计划"。推动"清华论坛""海外名师讲堂"等重要学术交流平台建设。实施"千人计划""长江学者奖励计划"等政策，大力实施海内外学术大师延揽计划和国际一流学者引进计划。积极参与国际大科学计划和大科学工程，重视与国际顶尖大学和科研机构的科研合作联盟建设。到"十二五"末，在读期间具有海外学习交流经历的本科生达40%，在读期间具有海外学习交流经历的博士生超过80%，攻读学位的海外留学生占全校在读学生总数的比例不低于10%。"十二五"期间，新建联合培养双联学位项目达6个左右，新建全英文学位项目达5个左右。建设海外综合办公室1～2个，重点伙伴院校合作校园（基于虚拟环境）3～5个，学生海外培养基地5～10个。每年举办清华名师海外讲堂2～4次，清华大学专项展3～5次。
3	复旦大学	复旦大学"十一五"发展计划纲要	实施高层次人才引进战略、院士计划、"复旦大学特聘教授方案"，筹建复旦国际学院，与国外著名大学合作在海外建立孔子学院。在五年内引进约300名校聘关键岗位以上的人才，其中海外引进约占70%。至"十一五"末每年赴境外学习交流的在校学生达到1 500名左右。实施人才引进三年行动计划、"新进校

续前表

序号	高校	规划名称	关于国际科技合作的内容
3	复旦大学	复旦大学"十二五"发展计划纲要	青年教师事业发展起步支持计划"，建立北欧中心等多个国际合作平台，成立复旦—耶鲁发育生物研究所等一批合作研究中心，与国外高校合作建设孔子学院，成立英语课程中心，加大全英语课程和全英文硕士项目建设力度。实施"国家建设高水平大学公派留学生项目"、美国大学生暑期培训项目、"海外高层次人才创新创业基地"建设。至 2015 年，全日制在校生中的留学生比例超过 10%，两院院士和"千人计划"入选者、"长江学者"、国家杰出青年科学基金获得者等高层次人才总数超过 300 人。到 2015 年，50% 的本科生在读期间有赴境外交流的经历；五年内引进海内外高层次人才 400 人；使特聘教授以上高端人才总量达到 300 名以上。
4	上海交通大学	上海交通大学"十一五"发展战略规划	鼓励各学院、创新平台与世界一流大学、国际著名研究机构建立长期稳定的科研合作伙伴关系。加强组织策划，力争参与国际间大型科研合作项目，并给予政策倾斜。利用创新平台、重大科技项目或海外特聘教授岗位等吸引海外著名学者来校开展科研合作。鼓励教师与国外学者共同发表学术论文。
		上海交通大学 2010—2020 年中长期发展暨"十二五"规划	与世界著名大学和科研机构合作，共建国际联合实验室或科技开发平台。包括上海交大—巴黎高科卓越工程师学院、上海交大—康奈尔联合学院、南加州大学合作项目等实质性国际合作办学项目，建设与新加坡政府合作的 CREAT 项目，建立若干联合实验室和联合研究所，建设若干当今主要大国的国际战略研究中心。开设若干全英语研究生学科和全英语本科专业，鼓励教师积极参加国际学术活动，鼓励举办重要国际学术大会，开设"国际学术大师讲坛"。形成分层次的国际战略合作网络。重点推进国际科研合作基地建设。打造多元文化氛围的国际化校园。大幅提升国际学术声誉与影响力。
5	中山大学	中山大学"十二五"发展规划（2011—2015 年）	在队伍建设方面，继续加强队伍建设，集聚优秀人才。继续引进海内外优秀学者，新引进中央"千人计划"5～8 人，引进中山大学"百人计划"50～60 人。力争新增 1～2 位两院院士，新增 10 位长江学者特聘教授，新增 15 位杰青获得者。在学术成就方面，在 *Cell*、*Nature*、*Science* 等国际顶级学术期刊发表高水平论文 5 篇以上。在国际合作与影响方面，与世界一流大学或科研机构共建若干个合作实体，开展一批高水平的合作项目，高水平学术交流形成规模，力争外籍师资和留学生数量有较大的增长，实现新的突破。

　　二是国际科技合作资助体系逐步健全，资金扶持力度加大。目前，国家相关部门及许多地方科技部门都设有国际科技合作专项，形成了比较完善的国际科技合作计划体系，同时，诸如重大专项以及各部门/机构的主体科研计划也可以对国际科技合作项目进行扶持和资助。例如，2006—2012年，科技部三大主体计划共投入国际科技合作与交流经费占三大计划专项国拨经费总投入的3.47％。这一投入极大地推动了各重点领域开展实质性研发国际合作及交流活动。国家科技计划向外方开放取得了一定进展，科技部已向欧方开放了973计划的研究项目，目前"分子聚集体的化学—有机功能微结构与组装"项目被批准启动实施。科技部国际合作专项自2006年以来快速发展，立项与国拨资金投入增长迅速，资助领域、合作国别及企业参与方面得到极大拓展。2006—2013年，专项共支持了国际合作项目2 346项，安排和落实国际科技合作与交流专项经费60.35亿元，整合了外部资金约169亿元（至2011年）。国家自然科学基金在基础研究方面，建立了相对完整的国际合作资助体系。近年来资助总经费和资助强度大幅增长，2006至2012年，国家自然科学基金共资助国际（地区）合作与交流项目8 013项，资助经费共19.11亿元。2001年设立资助"重大国际（地区）合作研究项目"是国家自然科学基金委为实现从交流型国际合作向研究型合作过渡的重要举措。截至2012年，国家自然科学基金共资助重大国际合作研究390项，资助经费8.16亿元。

　　三是国际科技合作的宏观管理协调机制逐步完善。近年来，中国初步建立了跨部门、跨地区国际科技合作统筹协调机制和信息资源共享机制，初步实现了全国范围国际科技合作资源的整合，建立起国家、部门与地方之间相互协调、互为补充的国际科技合作管理体系。2007年科技部出台了《国际科技合作跨部门协调机制方案》，提出利用国际优势科技资源为国内科技计划的实施服务。同年，"八科"（科技部、教育部、国防科工委、中科院、工程院、中国科协、国家自然科学基金委、国家外专局）联合发起了国际科技合作跨部门协调机制。截至2013年，国际科技合作部际协调机制成员单位由2007年的10家滚动发展到23家，参加协调机制的单位在战略与政策研究、信息交流和共享、重大项目协调、人才培养等方面开展协调合作，集成国内科技资源，协调对外科技合作。该机制逐步成为议大事，从战略和全局角度来讨论重点工作、共性问题和重大项目的平台。

　　四是国际科技合作信息服务平台建设加快推进。在国家层面，近年来，相继建设和开通了"中国国际科技合作网"、"国家国际科技合作专项网"等信息服务平台；在地方层面，上海、四川、广西、大连都建设了网络服务平台，为促进国际科技合作信息共享和交流提供了便利。

五是知识产权涉外协调取得新成绩。中国在知识产权国际规则的调整和变革中努力发挥作用，妥善应对和处理纷繁复杂的国际知识产权事务，初步建立起知识产权国际交流与合作的新格局，对外知识产权宣传工作取得初步成效。积极参加国际知识产权的主要公约和条约。与许多国家、国际组织和外商投资企业在知识产权领域广泛开展对话、交流与合作。涉外知识产权事宜的统筹协调工作得到进一步加强，为高校开展国际科技合作奠定了良好基础。

5.2.5　区域差异比较明显

由于经济社会发展水平的差异，中国高校科技国际化也呈现出明显的区域差异，总体而言，东部高校科技国际化程度高于中西部地区。据西南交通大学高等教育研究所 2013 年 11 月 21 日发布的教育部直属高校国际化水平排行榜，中国高校国际化水平前 10 名分别为清华大学、北京大学、复旦大学、浙江大学、上海交通大学、同济大学、南京大学、厦门大学、北京师范大学、中国人民大学，全部位于东部地区。

另据《2012 年高等学校科技统计资料汇编》的数据，中国高校在开展合作研究（用派遣和接受人次衡量）以及举办国际学术会议等方面都存在比较明显的区域差异。北京、上海、山东、四川、江苏、广东等几个省市由于聚集了众多高校，重视科技创新活动，尤其是一些在海外知名度较高的高校大都聚集在这些省市，因此高校国际交流较为活跃。

在合作研究方面，高校派遣人次较多的地区主要集中在东部、中部和西南的部分省市，其中东部地区的北京、上海、山东的派遣人次较多，较为突出，中部的湖南省和西南部的四川省的高等学校在人数派遣方面也有占有很大的优势，说明这几个省市高等学校对于合作研究中的"走出去"模式都颇为认同和支持（见图 5—7）。高等学校接受人次较多的地区和派遣人次较多地区较为一致，北京、上海、山东、四川、江苏、重庆的接受人次在全国占有很大的优势（见图 5—8）。

在举办国际学术会议方面，主办次数较多的高校也主要集中东部地区，其中北京、上海、山东、江苏、浙江、广东具有较大优势，其次黑龙江、吉林、四川、陕西、湖北主办的国际会议也较多（见图 5—9）。

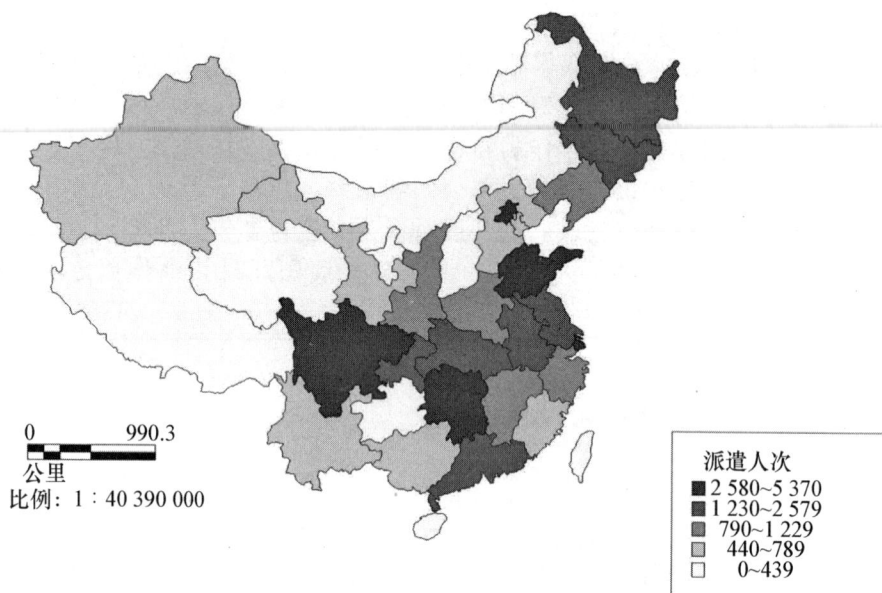

0　　　990.3
公里
比例：1∶40 390 000

派遣人次
■ 2 580~5 370
■ 1 230~2 579
　 790~1 229
　 440~789
□ 0~439

图 5—7　2012 年分地区高校合作研究派遣人次分布图

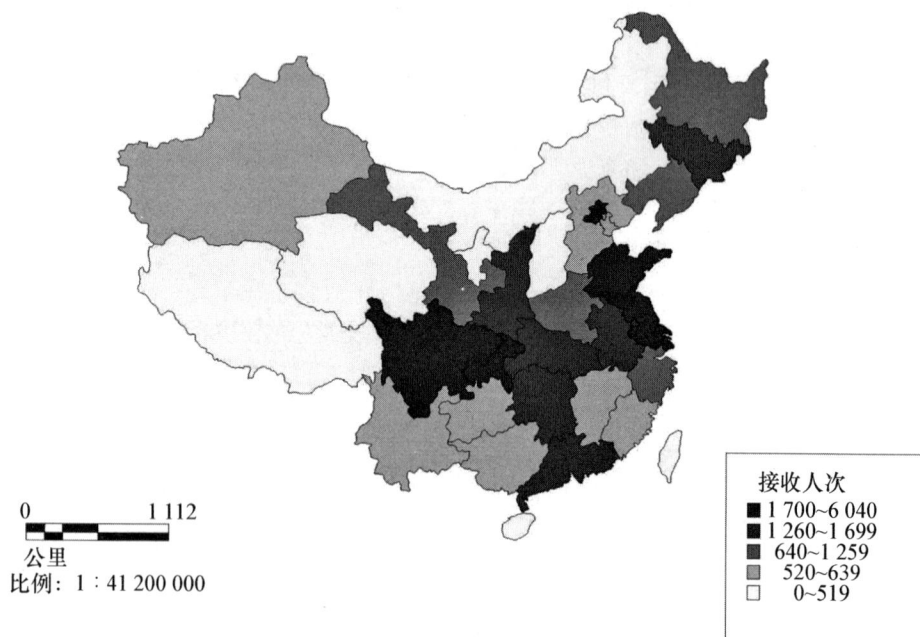

0　　　1 112
公里
比例：1∶41 200 000

接收人次
■ 1 700~6 040
■ 1 260~1 699
　 640~1 259
　 520~639
□ 0~519

图 5—8　2012 年分地区高校合作研究接收人次分布图

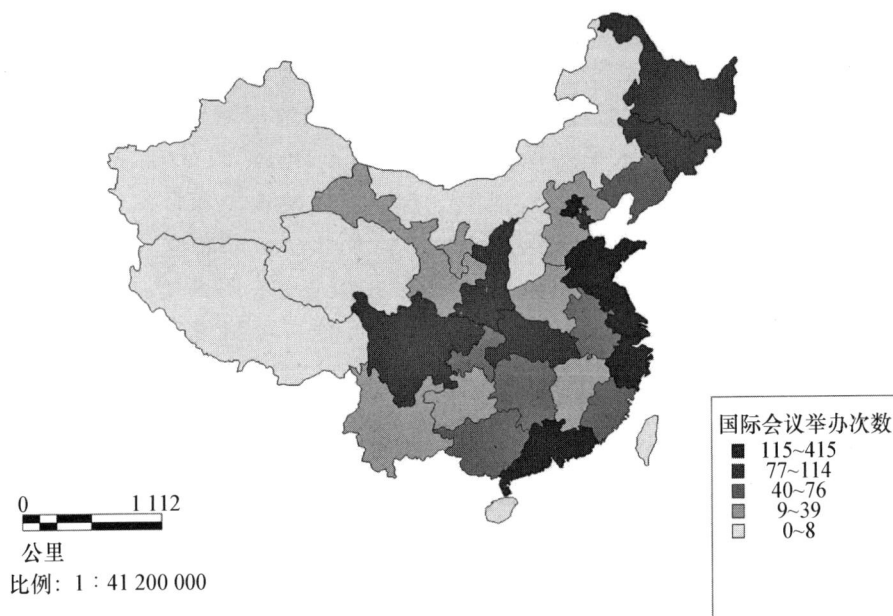

国际会议举办次数
■ 115~415
■ 77~114
■ 40~76
■ 9~39
□ 0~8

0　　　　　1 112
公里
比例：1∶41 200 000

图 5—9　2012 年分地区高校国际学术会议主办次数分布图

5.3　中国高校科技国际化的作用分析

中国高校通过开展国际科技合作与交流，积极利用和集聚全球创新资源，提高了科学研究和前沿技术开发能力，营造了良好的科技创新环境氛围，促进了学科建设和人才发展，可以说，当前，国际科技合作已成为中国高校实现建立国际化大学战略目标的重要途径之一。

5.3.1　提高了高校的科学研究能力

国际科技合作为国内外开展学术交流和信息互通搭建了平台，特别是在当前中国科技整体水平仍处于跟踪和追赶的阶段，与国外同行开展合作交流，可以提高国内科学研究的起点，在较短时间内缩短国内外科学水平的差距，达到学术上的位能平衡。相关学者的研究（余新丽，2012）表明，国际交流与合作对取得原创性科研成果、增加成果的学术影响力有重要作用；国际合作论文是促进知识溢出的最有效方式，通过开展国际科研合作可以形成更加有效的原创性研究，促进合作论文的发表，提高论文产出。

从具体高校的案例看，近年来，北京大学活跃的国际科技合作与交流直接促进了北京大学科研水平的提高。对 ISI web of science 北京大学 2005—2009 年 5 年的科研论文的发表数据做分析，可以发现国际合作论文的比例正在逐年提高（见表 5—11）。这在一个方面反映出，随着这几年科研国际合作的不断深入，北京大学科研成果的国际化趋势也在不断增强。对北京大学化学与分子工程学院发表论文的进一步统计分析可以发现，2005—2009年，该院各类属于国际科技合作发表的论文比例在逐年增加，与此同时合作论文的质量也在进一步提高，平均影响因子已由 2005 年的 3.50 达到 2009年的 4.83（见表 5—12）。这意味着在化学与分子工程学院整体研究水平提升的过程中，国际科研合作更有利于使其研究成果在更为重要、更为高端的学术刊物上得以传播。

表 5—11 　　　　北京大学 2005—2009 年 SCI 论文发表情况（ISI 数据）

年度	文章总篇数	国际合作文章篇数	国际合作比例（%）
2005	2 886	774	26.8
2006	3 179	898	28.2
2007	3 340	959	28.7
2008	3 711	1 162	31.3
2009	4 454	1 514	34.0

说明：以上各统计数字仅限于北京大学为第一作者单位的论文。

表 5—12 　　　北京大学化学与分子工程学院 2005—2009 年 SCI 论文发表情况

年度	文章总篇数	总平均 IF	国际合作论文篇数	国际合作比例（%）	估计合作论文平均 IF
2005	429	2.39	46	10.7	3.50
2006	362	2.60	59	16.3	3.22
2007	316	2.88	51	16.1	3.50
2008	386	3.34	80	20.7	3.78
2009	332	3.70	77	23.2	4.83

说明：以上各统计数字仅限于北京大学为第一作者单位的论文；IF：影响因子。

5.3.2　提升了高校的人才培养能力

加强国际科技合作与交流，是加快建立高水平科技创新队伍、培养具有国际影响学术带头人的重要途径。不同国家科技人员和专家学者之间自由的交流和合作探索，所取得的成效不仅反映在论文发表、成果共享、学术水平提升等方面，事实上也促进了教学和高素质学生的培养。这是因为，高校在国际科技合作过程中，充分利用国际科技、创新和教育资源，可以形成先进的教育理念、创新模式，提高办学质量（何亚岚、韩振华，2010）。更为重要的是，高校通过开展科技国际合作，一方面可以引进高精尖人才到国内高校从事前沿科技研究，另一方面也能够让更多的科技工作者有机会参与到国外的国际合作计划中，让科研人员了解最新的学术前沿和技术进展，从而锻炼科研队伍、提高科研人员素质。例如，清华大学在国际科技合作交流中，注重"引进来"，按计划、分学科、有重点地主动聘请海外知名专家，逐渐形成了如今每年 800 余人次、学科分布合理的长短期外国专家队伍。他们通过开授课程、举办讲座等多种方式，把学术前沿信息和多元文化带进校园，增强了教师和学生的国际交流能力。同时，学校着眼世界名校，与哈佛、耶鲁、牛津、剑桥等建立了派出学生攻读学位的渠道，以期让更多的学生走进世界一流大学学习，实现面向世界的人才培养目标（谢维和，2009）。

5.3.3　推动了高校的学科建设发展

学科是高校开展国际科技合作的重要依托，反过来，高校的国际科技合作行为也会促进相应学科的建设和发展。例如，清华大学在各个学科领域，有针对性地联合世界一流大学和行业先锋企业，共同开展项目研究。2012 年，在西门子公司的支持下，清华大学和加州大学伯克利分校的联合研究项目"绿色在线实验平台"，以智能建筑为应用领域，展开绿色电子通信与智能网络控制等方面信息技术的研究，开发减少能耗、保护环境的新型信息能源技术，为清华大学智能能源技术和学科建设发展起到了重要作用。华南农业大学在昆虫毒理学、植物生理生化学、动物营养学、禽病学、果品贮藏加工学和植物学等学科聘请外国专家来校讲学或举办讲习班，引进国外教材、实验器材等，填补了缺门学科，加快了新兴学科、重点学科和基础学科的建设，提高了教师的业务水平。

第 6 章

中国高校科技国际化的
瓶颈及问题

近年来，中国高校积极开展各种形式的国际科技合作，虽然取得了较好成绩，对提高高校科学研究能力、人才培养能力以及促进学科建设和发展起到了非常重要的作用，提高了高校的国际影响力和知名度，但仍然存在许多瓶颈和问题，国际科技合作的总体水平不高，存在着极大的提升和发展空间。

6.1　国际合作总体水平有待提高

目前中国的国际科技合作尽管形式多样，但深度不够，质量有待提升。突出表现为国际科技合作层次偏低、发展不平衡，尚未建立稳定长期的合作机制。

6.1.1　合作层次偏低

一是合作研究发展不够。在国际科技合作中，合作研究是比较深入的合作方式，最有利于合作各方科技信息的交流和科技能力的提高。由于合作研究是国际科技合作中比较深入的合作方式，因此，发达国家在对外科技合作中非常重视合作研究，美国国际科技合作经费的 73% 用于对外合作研究。但中国高校在开展对外科技合作中，一般性的人员交流占主要部分，高水平的合作研究，尤其是一些国际性的大科学研究项目（如欧盟的科学研究计划项目）参与的数量不多，深度有限。

二是技术贸易层次不高。在技术贸易方面，由于中国仍停留在以单项技术交易为主的阶段，尚未实现"技术、产品、服务"一体化的系统交易；在技术服务体系建设中，风险投资、价值评估、技术经纪、技术权益保护、技术市场基础设施建设等方面缺乏力度和集成，与国际水平存在较大差距（单玉丽、苏美祥，2011）。

三是对国际科技合作的主导能力较弱。近年来，国内高校虽然开展了多种形式的科技合作，但由于科技能力和资金的限制，中国参与的许多国际合作项目大多由其他国家或者国际组织提出，很少有以中国为主的重大合作项目，而且这些项目往往与中国经济和科技发展的关键性项目直接关联性不强。中国高校在与国外机构合作中，大多属于从属地位，主导合作过程或在国际科技合作中发挥主导作用的高校还不多。中国多数高校在国际科技合作中还只能以被动合作为主，在大多数情况下，合作项目是对方主动提出来的，真正符合高校自身人才培育和学科建设的重点研究项目较少（崔学海，2009）。

四是高校国际科技合作的对象范围还比较狭窄。在国际科技合作中，中国倾向于和美日欧等发达国家进行合作，而与发展中国家和地区的合作则明显不足，事实上，部分发展中国家虽然整体科技水平落后于美日欧等发达国家，但在某些领域却达到世界先进水平，且比较容易获得关键技术，同时能够进行技术输出。在具体对象选择上，目前，国内高校与世界顶级大学、科研机构的合作还不多，虽然建立了合作关系，但也是临时性的短期的合作，中长期的国际科技合作项目较少（岳爱东，2012）。

五是合作项目的国际影响力还不够，未形成有影响的高校科技国际化模式。和世界一流大学相比，中国高校科技国际化项目多为一般互访性的国际学术科技交流，或通过互访达成的与大学、研究机构间的科技合作项目，而真正属于中国高校参与的、政府间的国际科技合作项目不多，能引起世界瞩目的重大科技成果还非常少。

6.1.2　发展不平衡

第一，在合作方向上，引进来多、走出去少。在国际科技合作中，中国高校更倾向于引进国外的先进技术、设备，更倾向于在国内和国外的著名高校、科研机构以及跨国公司联合设立研究基地，真正走向国际、主动走出去的高校还不多，特别是在国外设立研究机构的高校更是凤毛麟角。在引进国外先进技术和设备方面，存在着从合作方引进的技术水平较低和重复引进的现象，而且引进之后，对技术和设备的消化、吸收与再创新能力不足，国际科技合作成果的产业化程度有待提高。

第二，沿海高校的国际合作明显好于中西部地区的高校。总体上看，中国东部沿海地区高校参与国际科技合作交流的合作频次较高，中西部地区的高校则与之存在较大差距。近年来，中国高等学校在国际合作与交流方面取得了瞩目的成就，在国际学术领域取得了新的进展。但是，中西部一些经济社会发展相对滞后地区的高校，在开展国际合作与交流方面还面临一些问题。中西部地区受地理位置的影响，其对外开放程度低于中国的沿海地区。因此，在中西部地区高校中，不管是学校的管理层还是科研人员或是学生，对科研、学术与教育的国际化重视程度还不够，还未意识到国际化是高校未来竞争力的保证，对高校发展的战略问题，还缺乏国际化的视角和眼光（潘莹，2011）。

第三，重点高校的国际科技合作好于一般高校。中国高校对国际科技合作交流的参与面还十分有限。总体而言，部属大学、重点大学比较积极，地方高校、一般高校、专业高校则在国际科技合作与交流方面明显滞后。

各类高等学校国际科技交流情况见表6—1。

表 6—1　　　　　　　　　各类高等学校国际科技交流

	合作研究			国际学术会议		
	派遣（人次）	接受（人次）	出席人员（人次）	交流论文（篇）	特邀报告（篇）	主办（次）
合计	41 500	37 213	144 492	98 656	15 305	2 539
按学校规格分						
"211"及省部共建高等学校	24 639	24 528	96 317	60 545	9 720	1 647
其他本科高等学校	15 574	11 919	47 361	37 410	5 562	890
高等专科学校	1 287	766	814	701	23	2
按学校隶属分						
部委院校	1 602	2 693	9 831	6 483	772	152
教育部直属院校	20 382	19 060	77 438	49 747	8 283	1 340
地方院校	19 516	15 460	57 223	42 426	6 250	1 047
按学校类型分						
综合大学	14 638	15 984	55 983	33 831	6 854	1 193
工科院校	16 870	12 270	54 854	46 167	4 555	726
农林院校	2 692	2 957	7 635	4 968	1 262	155
医药院校	3 563	2 867	17 167	6 470	1 501	214
师范院校	3 015	2 443	6 619	5 399	954	224
其他	722	692	2 234	1 821	179	27

　　第四，基础研究领域的国际科技合作偏少。一般而言，世界发达国家或一流高校和科研机构，其在基础科学研究领域的综合实力通常较强，研究水平大多处于世界领先。因此，加强在基础研究领域里与发达国家高校和科研机构的合作，既可以缩短与世界先进水平的差距，提高中国的国际地位；也可以增强研究型大学基础研究的整体实力、加快科研队伍的建设、增强科研发展后劲。但从国际科技合作所属的领域看，当前，中国高校所开展的国际科技合作项目多以应用研究或应用基础研究为主，而基础研究则相对偏少。据统计，2011 年，科技部国际科技合作专项累计资助的 352 个国际合作项目中，基础研究领域的项目只有 105项，所占比重仅为 30％（见图 6—1）。基础研究类合作项目偏少在一定程度上不利于高校实现通过合作增强科研发展后劲的初衷。

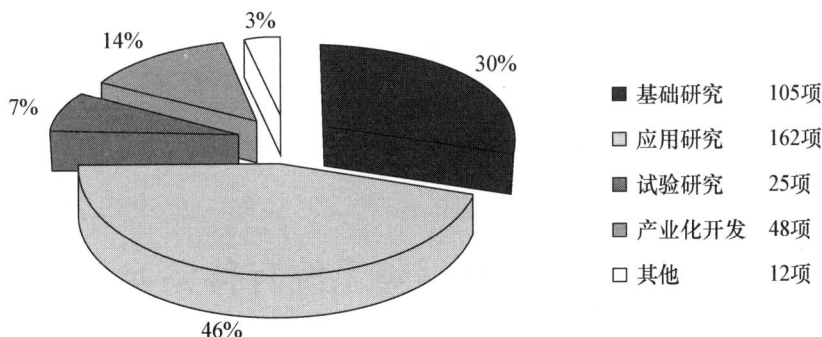

图 6—1　2011 年国际科技合作计划专项项目按科学研究类型分布

6.1.3　合作机制不稳定

　　科技合作从低级到高级的演进一般包括三个阶段：一是最初的项目合作，包括人才交流和合作研究；二是较高级的组织共建，如中国高校与跨国公司在华研发机构联合设立的实验室和研究基地等；三是最高级形态的战略联盟，即形成稳定的长期的合作机制和联盟关系（见图 6—2）。当前，中国高校与国外机构的合作，大多处于第一阶段，多以人员交流和项目合作研究为主，尚未建立稳定的合作关系和战略联盟，合作机制还不稳定。同时，由于中国高校之间也缺乏有效的信息沟通与交流协调机制，考察重复、技术交流重复、项目合作重复等现象比较普遍。

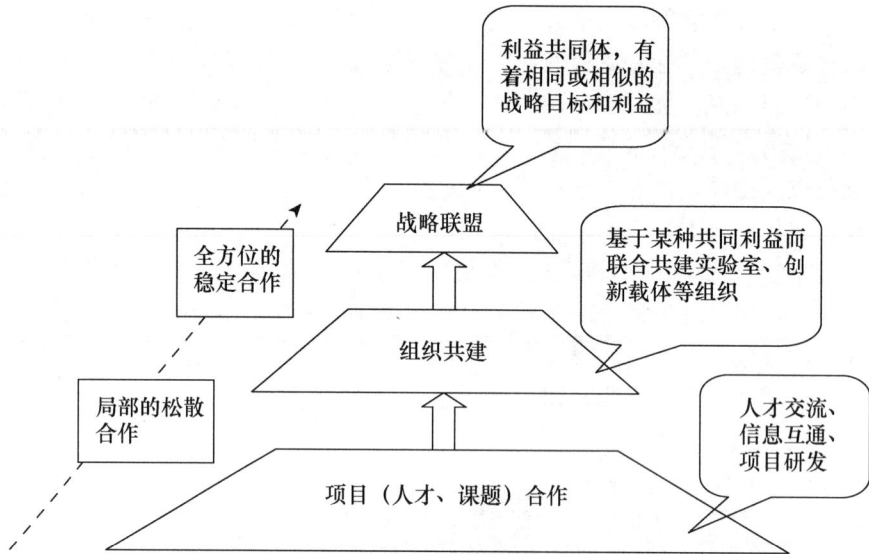

图 6—2　科技合作模式的演进途径

6.2　高校内部保障系统有待完善

高校参与国际科技合作与交流，还需高校内部提供有力的支持，建立完善的内部支持体系和保障机制。但是，总体上看，当前中国高校内部支撑和保障科研人员开展国际科技合作与交流的管理机制和基础条件还存在不少问题，主要表现在以下几个方面。

6.2.1　部分高校缺乏国际科技合作的系统规划和长远战略

是否制定了关于国际科技合作的系统规划和长远战略，关系到高校科技国际化事业能否顺利发展并取得实际成效。但从中国高校的实际情况看，最近 10 年来，虽然许多高校提出了建设世界一流大学的目标，也在办学过程中引入了国际化理念，然而就科研学术方面的国际合作与交流而言，部分高校还缺乏科学的规划和长远的战略，存在着战略意识不强、战略定位不清、战略目标不明的问题。少数高校对国际科技合作与交流工作尚未给予足够的重视，一些高校的管理部门和教师尚未把国际科技合作与交流工作摆在应有的重要位置；不少高校没有制定开展国际科技合作与交流工作的专项规划或计划。

6.2.2 高校针对国际科技合作的管理机制和支持措施不完善

部分高校对国际科技合作的管理和支持不能适应形势发展的需要，在科技国际化深入发展的时代背景下，缺乏相应的支持性措施，缺少科学高效的管理机制和先进的管理理念。这表现在以下几个方面：

第一，部分高校对国际科技合作项目的实施缺乏全过程管理的理念，往往存在重立项、轻过程的问题，从而影响了国际科技合作成效的发挥。

第二，部分高校缺乏针对国际科技合作交流的有效激励机制。一些高校对教师开展国际科技合作交流缺乏完善的激励机制，高校对教师的绩效考核和职称晋升缺乏对国际科技合作的关注和激励政策，一般都没有把国际科技合作业绩作为教师晋级、学科评估的关键考核指标，这实际上大大打击了高校教师参与国际科技合作的积极性，使得科研人员在承担着大量教学任务的情况下，对国际合作项目投入的时间和精力有限。

第三，少数高校尚未设立专门的国际合作管理机构，以对科研人员申请和开展国际科技合作提供专门的支持和服务，高校的国际科技合作与交流工作存在多部门管理、职责范围划分不清的问题，缺乏专门管理高校科技国际化与交流的部门和人员，除了少数几所高校能设置专职部门，绝大多数高校的做法是：财务处负责项目经费管理，科技处负责项目申报，人事处负责外籍专家引进，国际合作交流处负责人员的派出和留学生的管理以及国际会议等工作。国际科技合作业务的分散管理，导致管理流程复杂、管理效率偏低，在极大程度上降低了高校科研人员参与国际科技合作的积极性和主动性。

第四，国际科技合作项目经费的管理存在问题。在国际合作经费管理方面，目前很多高校还没有为国际合作设立专门的外汇账户，直接导致国际合作经费的换汇损失，影响了项目执行效果。

第五，高校现行的考核评价机制不利于科技合作。中国高校现行科研评价体系有着极为深厚的"第一"情节，如论文署名要第一作者、科研项目要第一完成人等，这在很大程度上阻碍了科研合作与协同创新，不利于创新团队的培育和整体发展。在当今的大科学时代，合作与协同已成为科研活动的重要特征和趋势，中国注重第一作者、第一单位、第一完成人的做法亟须改变。

6.2.3　缺乏高素质的合作团队和复合型的管理服务人才

国际科技合作有其独特性，不仅需要高素质、专业过硬的合作创新团队，也需要复合型、专业化的管理和服务人才，要求项目管理者懂得国际关系、国际法规、国际贸易、国际金融、国际惯例以及科技专业知识，而且要精通外语和运用现代信息技术。虽然近几十年中国科研队伍的科研水平有了很大的提高，但研究人员真正参与到国际科技合作时仍觉得力不从心。部分高校科研人员自身英语水平不高，影响了国际科技合作中的沟通和交流，缺乏专业性强的高水平科研团队，导致中国参与国际重大科技合作时总是处于被动。同时，在中国，能有效组织和开展国际科技合作的复合人才十分稀缺。高素质的科技与管理人才的严重缺乏构成了中国高校开展国际科技合作的最大制约因素，这使得中国许多高校在相当多的国际科技合作中只能担当辅助角色或成为廉价智力资源的提供者。

6.2.4　高校在国际科技合作中的知识产权保护亟须加强

随着国际科技合作广度和深度的不断发展，中国高校在国际科技合作中遭遇的知识产权问题也日益成为一个焦点问题，且比国内知识产权纠纷要更加复杂。

一方面，部分高校和科研人员缺乏自主知识产权保护的意识，在国际科技合作中保护科研资源和科研成果的意识薄弱。一些单位和个人为了获得国外经费的资助，在洽谈合作条件时做出了过多让步，结果我们虽然进行了大量投入，尤其是智力资源的投入，却没有获得相应的研究成果和知识产权。有些名义上是合作，实际上是外方把我方的科研人员当作廉价劳动力来使用。

另一方面，不少高校缺乏知识产权保护的措施和规定。当前，除了政府部门所属的国际科技合作计划项目明确规定知识产权归承担单位以外，其他来源的合作项目往往存在知识产权归属不明的问题，而高校并没有制定相应的条款以明确科研项目成果的知识产权的归属，这导致经常出现学校知识产权权益受损，而高校对违反合同中有关知识产权的条款的行为，如合作方利用条款的漏洞、教师个人损害学校的利益等，也很少利用法律武器维护学校的利益（王喜媛、叶明、张宏旗，2009）。

由于管理不到位及科研人员知识产权意识淡薄，导致中国高校虽然在研究中投入了大量的人力、物力、特别是重要的智力投资，却未能完全享受到应有的研究成果和知识产权。更为严重的是，中国在对外科技合作过程中出现了智力资源和知识产权流失的现象，使得某些合作方以很小的代价获得中国宝贵的资源（如特有基因、稀缺物种等），造成国有资源的重大损失。这与中国一贯强调的在对外科技合作中要注重利用国际科技资源，获取发达国家的最新知识、先进技术和管理经验，加强中国的科技实力和自主创新能力，拥有具有自主知识产权的科技成果，实现中国科技和经济跨越式发展尚有很大距离（范琳琳，2012；邢继俊，2013）。

6.3　政府管理支撑系统有待健全

高校积极参与国际科技合作与交流并取得实际成效，离不开各级政府部门的战略指引、政策支持、项目资助和规范管理。但目前，中国各级政府部门对高校科技国际化的战略定位、认识和引导扶持，无论是宏观层面的管理体制还是操作层面的政策、经费和服务等支撑性要素都有待进一步完善和充实。

6.3.1　对国际科技合作的认知不足、定位偏低

近年来，随着科技创新实力和国际竞争力的提升，中国科技发展在全球科技格局中的地位正由跟随者向并行者演进，在某些领域正加速向领跑者靠近。面对新的形势，中国对国际科技合作的认识显然已明显滞后。一是在战略定位上，往往把国际科技合作视为科技、外交以及经济社会发展的支撑服务手段，而没有上升到有效利用全球战略资源（不仅是科技创新资源）为民族生存发展争取新的战略空间的高度，缺乏整体部署和长远规划。二是在自身定位上，更多地将中国高校视为全球科学技术知识的学习者、分享者，而非创造者、贡献者。

6.3.2　国际科技合作的宏观管理体制亟须理顺

一方面，多头管理现象仍然比较突出。当前，教育部门负责统筹管理高校的科技工作，而高校承担的国际科技合作项目则主要由国家自然科学基金委和科技部管理，同时，中科院、中国科协、外交部、国家外专局以及工程院等部门也兼管着国际科技合作事务，这就形成了中国高校科技国际化与交流多部门管理的格局，再加上由于部门与部门、部门与地方、计划与计划之间依然存在条块分割现象，使得高校在开展国际科技合作与交流过程中存在散乱、重复等问题，难以集

中资源开展有效合作。

另一方面，部门协调力度亟须加强。目前，负责管理高校科技国际化与交流的各个部门在协调和联动上还明显不够，导致管理工作效率难以提高，使得高校在经办国际科技合作项目时要多方协调审批，失去了有利的合作与交流机会。更为严重的是，不同部门针对国际科技合作与交流出台的政策文件有时存在相互抵触甚至矛盾的地方，高校在处理国际科技合作与交流事务时常常要应对不同部门的不同规定，不利于国际科技合作工作的顺利开展。

6.3.3　国际科技合作的经费支持明显不足

财政经费投入是影响高校科技国际化交流的关键因素。高校要在国际科技合作中具有竞争力，本身应具有相当的科研实力；而科研实力的形成是一个循序渐进的过程，需要科研人员在充足的国际合作中不断锻炼和积累，如参与国际会议、邀请国外优秀科研人员进行交流、到国外学习深造等。这就要求国家能为高校提供充足的科研经费支持，并不断创造更多合作机会，但目前国家提供的经费往往不能满足这些需求。一项对高校参与国际科技合作应提供何种支持的调查显示，77%的高校认为主要是科研经费的问题（邢继俊，2013）。

一方面，国家对高校科技国际化的资金投入总体偏低。目前，在国家自然科学基金总经费中，国际科技合作与交流专项经费约占 4%。除科技部外，中科院、中国科协、中国工程院、教育部、国家外专局、工信部对于国际科技合作项目也有资金支持，但比例都比较小。而且，这些部门的国际科技合作与交流专项经费并不仅仅用于支持高校，还要支持企业和科研单位及其他机构。例如，科技部所属的国际科技合作专项，2011 年累计安排财政资金 12.6 亿元，共资助了 352 个项目，但高校只承担了其中的 120 项（见图 6—3）。近年来，虽然教育部加大了对大学人员互访、学术交流、举办国际会议、引进高科技人才等方面的资助力度，但相对于国际科技合作与交流大发展的趋势，仍显不足（陈振凤、何海燕，2011）。

另一方面，国际科技合作经费的使用制度不够合理。目前，国家对于高校的科研经费多实行项目经费使用管理办法，竞争性经费的比例太高，稳定性支持不足，导致了国际科技合作经费在各高校间分布不平衡，科研实力弱的高校很难获得资助，从而妨碍了中国高校科技国际化水平的总体提升。与此同时，科研经费存在突出的"重物轻人"问题，用于人力资源和劳务补贴的比例太低，而设备经费比例太高，既极大地损害了科研人员开展科研工作的积极性，也造成了设备等资源的重复购置和浪费。

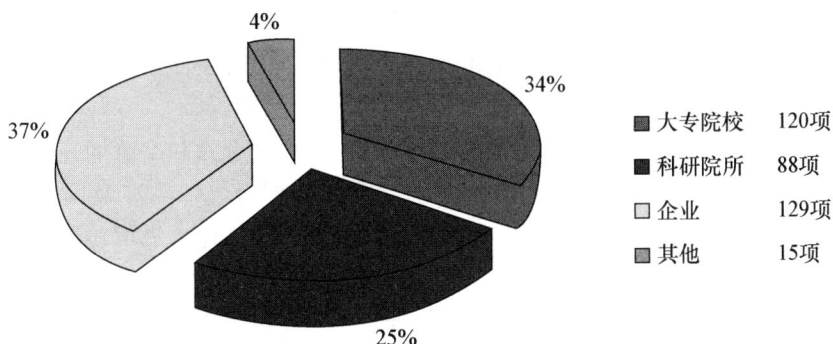

图 6—3　2011 年国际科技合作计划专项项目按承担单位类型分布

6.3.4　国际科技合作的政策法规体系不完善

中国许多部门、地方针对国际科技合作交流制定实施了不少法律法规及政策措施，但是这些法律法规和政策措施大多具有普适性，国际科技合作政策往往与其他方面的政策混搭，专门针对高校科技国际化交流的政策保障措施还比较缺乏、不够完善。

第一，专门针对高校国际合作知识产权保护的政策还处于缺失和空白状态，这在相当程度上阻碍了国外机构与中国高校进行国际科技合作，不少外国机构在与国内高校开展国际科技合作中往往不愿意将最新的技术拿出来进行共享交流，从而使得高校科技国际化的成效受到很大限制。

第二，在国际科技合作项目支持上，缺乏持续性扶持政策。中国国际科技合作计划对高校、企业和科研机构主要采用以项目为主的支持方式，许多项目在取得初步成果后因为缺少后续支持而难以为继，使不少有前途的成果半途而废，前功尽弃。

第三，政府部门对高校科技国际化的政策性指导有待加强。高校科技国际化与交流工作缺少系统的发展战略和政策性指导文件，现行的国际科技合作文件对高校的特点往往考虑不够，在指导高校开展国际科技合作交流方面存在明显不相适应的地方，国际科技合作中经费使用、出国审批、出国人员待遇等存在政策障碍，召开国际会议的审批程序仍然复杂，对在国际科技组织任职的激励政策明显不足。同时，部分高校对本校国际科技合作与交流工作的战略、方针、政策研究不够，对学校管理部门及从事国际科技合作与交流的机构和教师的指导不足，使得国际科技合作与交流发展受到制约。

6.3.5　面向国际科技合作的公共服务体系不健全

具有良好的公共服务体系是高校能够开展国际科技合作和交流的一个重要前提。国际科技合作与交流工作具有很强的专业性和综合性，既涉及国内许多部门、许多地方的政策，又涉及合作国家的政策、风俗、法律、规章，还与合作中的谈判方式、某些潜规则以及利益分配机制密切相关，因此，高校科技国际化的发展迫切需要政府管理部门提供完善的公共服务支撑，这些公共服务包括信息服务、咨询服务和平台基地服务等等。

在信息服务方面，虽然中国设立了专门的国际科技合作网站，如中欧促进网（http://www.ceco.org.cn/）、中国国际科技合作网（http://www.cistc.gov.cn/）等，也提供了一些信息，但这些信息还不全面，对项目的信息更新还不及时（邢继俊，2013）。

在平台基地服务方面，目前，中国还缺少大的国际科技合作平台。近年来，中国依托高等院校、科研机构和企业建立了一批国际科技合作基地，推动了国际科技合作的深入开展。但由于这些基地规模小，且缺乏稳定的支持，限制了其功能的发挥。

在咨询服务方面，中国还缺少具有全球视野和国际眼光的智库机构，特别是既了解国际科技进步前沿，熟悉科技查新和专利检索业务，也掌握国内外科技合作政策法规的科技思想库。当前，中国的研究机构太过专注于国内问题的研究，对国外情况特别是针对特定国家和地区的专门研究还不够，难以为高校及有关机构开展国际科技合作提供有益的咨询服务和帮助。

第7章

中国高校科技国际化的典型案例分析

7.1 清华大学：主导国际合作彰显全球影响力

清华大学是中国顶尖高等学府，是中国重要的人才培养基地及科研阵地。清华大学培育和凝聚了众多高水平的专家学者，截至 2013 年 12 月底，清华大学共有教师 3 291 人，其中具有正高级职称的 1 325 人。作为科学研究的重要载体，清华大学科研实力雄厚，每年从国家和地方各类科技计划获得资助立项的科研项目超过 1 400 项，合同额在 20 亿元左右。根据中国科学技术信息研究所公布的数据，清华大学被工程索引（EI）收录论文数，自 1993 年以来，已经连续 20 多年保持全国高校首位；被科学引文索引（SCI 网络版）收录论文，近年来在数量保持稳定的同时，质量有稳步提升；SCI 论文被引用篇数及被引用次数继续在全国高校名列前茅。

在全球化的大背景下，清华大学在秉承自身优良的学术传统和教育理念的同时也积极开展了多渠道、多层次、全方位的国际合作与交流，以促进学校的不断发展和进步，促进学校与世界更深入的对话。目前清华大学已经与一大批世界知名大学签订了合作与交流协议，建立战略伙伴关系，通过联合学位培养等多种形式，开展学生的国际培养。此外，每年有大批世界一流学者来清华大学任教、短期讲学、开展科研合作或参加学术会议，众多的国家和国际组织的政要及跨国公司的总裁来校访问、演讲。与此同时，清华大学每年也选派大批师生到世界各地开展国际学术交流。这种广泛的国际交流和合作为清华大学的师生搭建了高水平的交流平台，发掘了教学与科研合作机会，拓展了学生国际化培养渠道，增强了清华大学的国际科技合作能力。

在活跃的学术交流氛围下，近年来，清华大学与世界一流大学、研究机构和海外知名跨国企业通过共建联合研究机构、成立知识交流中心、委托研发、联合研发、设立合作研究基金、海外技术许可与转让等灵活多样的合作模式，积极开展前瞻性、高水平的科研合作与交流，旨在提升清华大学的科研水平，促进学科建设，培养具有国际视野的优秀人才，提升清华大学学术科研的国际影响力和知名度。目前，清华大学开展国际科技合作和交流的主要对象是国际知名的研究型大学、科研机构、管理机构以及世界著名的跨国公司。其中，在广泛交流的基础上，重点与哈佛、麻省理工、斯坦福、牛津、剑桥等十几所国际一流大学开展强强合作；在校企合作方面，清华大学与一大批国际知名企业建立了良好的合作关系，如英特尔、宝洁、东芝、西门子、松下、惠普、微软、摩托罗拉等国际著名公司都与清华开展了合作项目。

7.1.1 举办国际学术会议

国际学术会议是清华大学开展国际合作与交流的一个重要渠道。近年来，清华大学通过举办高水平的国际及双边学术会议，使其师生迅速了解国际前沿学术信息和最新学术成果，促进了学科建设和发展，积极推进高层次学术研究领域的国际交流与合作。近年来清华大学国际学术会议的具体情况如表7—1所示。此外，一大批水平高、规模大、影响广的重大国际会议先后在学校召开，如：国际碳纳米管2009会议、第36届国际系统功能语言学大会、第8届共轭高分子与有机纳米结构光探测国际会议、第10届放射与核医学成像的全三维图像重建国际会议、2009亚太生物信息学大会、第15届层间化合物国际会议、第5届世界华人数学家大会、第33届国际燃烧会议、国际互联网工程组织第79次会议等。这些相关学科领域的高水平会议的召开有力推动了相关学科的发展，提升了清华的学术水平和国际声誉。总体来说，清华大学召开的国际会议越来越呈现出数量多、级别高、领域广、促进后续合作的特点。

表7—1　　　　　　　　2008—2013年清华大学国际学术会议

	出席人员	交流论文	特邀报告	主办次数
2008	2 631	2 142	367	59
2009	2 235	2 431	289	110
2010	4 065	2 514	407	85

续前表

	出席人员	交流论文	特邀报告	主办次数
2011	5 946	2 413	337	111
2012	3 460	2 366	327	82
2013	4 579	2 502	491	79

资料来源:《高等学校科技统计资料汇编》。

7.1.2　促进海内外人才交流

一是引进海外专家人才、留学生。早在建校初期,清华大学就开始聘请知名海外专家来校任教和讲学。在其蓬勃发展的各个历史时期,外国专家和外籍教师在学校教学科研、人才培养和学科建设中,始终发挥着重要的作用。改革开放30 多年来,清华大学聘请外国专家经历了从单纯聘请语言类外籍教师来校授课,到聘请多学科、重点学科、交叉学科、新兴学科、前沿学科领域专家和团队来校工作的发展历程。学校采用多种形式,跟踪瞄准世界学术前沿,先后邀请和聘请了近万人次的外国著名专家学者和近百位诺贝尔奖、图灵奖、菲尔兹奖获得者等学术大师来校进行讲学、学术交流和合作研究。同时为加强与国际学术界、企业界的交流与合作,争取国(境)外一流的专家学者、知名人士对清华大学各方面建设与发展的关心和支持,清华大学累计授予海外人士名誉博士 16 人,聘请名誉教授、客座教授、顾问教授等 400 多人。近年来聘请的海外专家的数量、层次显著提升,每年聘请来自近 50 个国家的长短期外国专家近 1 000 多人,主要来自欧美等高等教育事业较为发达的地区,其中长期在校工作的专家近 200 人,通过他们在校期间的科研合作和学术交流活动,大大增强了清华大学与世界顶尖研究机构之间的实质性合作,对人才培养和学科建设发挥了积极的推动作用。其中,彭培根、柯道友、聂华桐、博德、杨振宁、姚期智、萨文迪、桑顿和罗纳德九位专家因为贡献突出,先后荣获了中国政府授予来华外国专家的最高奖项——外国专家"国家友谊奖"。截至 2013 年底,清华大学"海外高层次人才引进计划"(简称"千人计划")入选者 87 人。此外,新时期,清华大学利用已有的学科优势和国际交流优势,积极开展和推进了"世界著名学者"项目、"学科创新引智计划"项目、"海外名师项目"、"与大师对话——诺贝尔奖获得者校园行"、"学校特色项目"等一系列重点引智项目,坚持择优与规模结合,积极尝试项目管理模式,策划实施了清华大学自有的"聘请国际著名学者项目""文科重点研究机构聘请国际知名学者项目""清华海外名师讲堂""重点研究中心（实验室、基地）、重大科研项目支持项目""国际暑期学校支持项目""高水平英文课程建设支持项目"等一系列特色项目，逐步形成一个重点突出、注重实效、点面结合的外国专家聘请支持体系，聘请了一批在国际上有影响的知名学者，在提高教学质量与科研水平、加强重点学科建设和新兴学科建设、人才培养等方面发挥了重要的作用。"清华海外名师讲堂"是在国内高校中首次将高校国际合作与交流中的海外名师资源纳入学生选修课体系之中，为全校学生提供有组织、有激励机制、高层次、前沿性、成系列的综合性拓展学习资源。自 2007 年 9 月迄今共举办了 90 多讲，已有近万名学生参与，有效地开拓了学生的国际视野。"清华海外名师讲堂"已逐步成为清华大学独具特色的国际化培养学生的高端品牌课程，为该校师生和学术大师面对面交流，聆听前沿领域的最新进展以及大师科研治学的体会提供了宝贵的机会。

二是派遣教师赴国外从事访问研究、博士后研究。近年来，围绕学校师资和管理队伍的国际化建设，清华大学教师赴国外从事访问研究、博士后研究情况也呈现蓬勃发展的趋势。教师赴国外从事访问研究、博士后研究的各类支持项目范围广泛，包括"青年骨干教师出国研修项目""中美富布赖特学者项目""中德学者短期合作交流项目""高校学生工作者出国研修项目""清华—桑坦德青年骨干学者出国研修项目""哈佛燕京学社访问学者及访问学人项目""亚洲研究中心访问学者项目""中国—欧盟教师交流计划"等，对于清华大学教师队伍国际化起到了极大的促进作用。

7.1.3　开展合作项目研发

清华大学在与国外合作研究方面一直表现出较高的参与度，具有较大优势（见表 7—2）。就 2013 年而言，与中国其他教育部直属高校相比，清华大学的合作研究中的派遣和接收人次位列全国首位，远远高于其他院校，且其派遣人次和接收人次分别能达到排名第二的北京大学的 3 倍和 2 倍，优势极为突出。

表 7—2　　2013 年部分教育部直属高等学校国际科技交流合作研究情况　　　单位：人次

学校	派遣	接收	学校	派遣	接收	学校	派遣	接收
北京大学	554	735	复旦大学	398	378	浙江大学	287	261
中国人民大学	56	38	同济大学	101	591	厦门大学	182	91
清华大学	1 505	1 387	上海交通大学	925	454	山东大学	396	577

续前表

学校	派遣	接收	学校	派遣	接收	学校	派遣	接收
北京师范大学	44	40	华东理工大学	67	52	武汉大学	49	193
南开大学	107	202	华东师范大学	230	187	华中科技大学	117	314
天津大学	284	358	南京大学	332	349	四川大学	19	402

资料来源：《高等学校科技统计资料汇编》。

　　纵向来看，如图 7—1 所示，2008—2010 年期间，清华大学国际科技交流合作研究中其派遣和接收人次都呈现较为明显的上升趋势，并在 2010 年达到顶峰，但 2011、2012 年回落。人员流动数量虽有波动，但总体仍处高位，同时在 2012 年首次出现了派遣人次多于接收人次的情况，说明清华大学的国际科技合作研究正逐渐由"引入"转向"输出"模式。

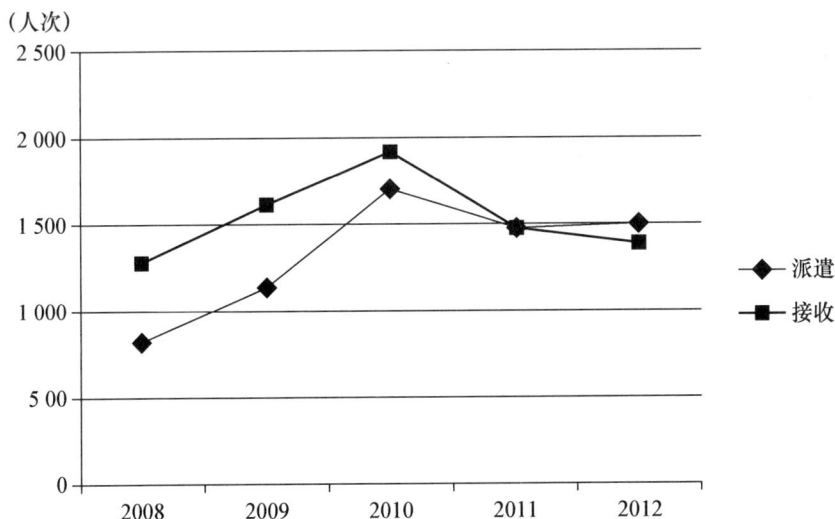

图 7—1　2008—2012 年清华大学国际合作研究情况

资料来源：《高等学校科技统计资料汇编》。

　　从联合开展的研究项目看，在重点学科领域，清华大学有针对性地联合世界一流大学和行业先锋企业，共同开展项目研究。通过共同研究深入了解行业发展实际需求和引入国际领先企业优质研究资源，加强产学合作，共同促进研发创新。

　　2013 年，清华大学与德国宝马公司签署协议，共同推动双方在汽车工程、材料科学和经济管理等多个领域内科研和人才培养等方面广泛深入的合作。

从接受海外企业的委托研发项目看，多年来，清华大学以委托研发项目的合作形式与许多海外企业建立了长期的合作伙伴关系。委托研发项目不仅协助海外企业解决生产过程中的技术与管理问题，并为学校在重点领域内的科研与学科的发展提供了渠道，同时也让在校师生了解工业界的技术发展趋向，推动了学校科研成果在工业界中的应用。

7.1.4　推动对外技术输出

清华大学与海外知名企业多年长期、稳定的科研合作已经取得了丰硕的成果，并产生出一批具有工业应用价值和社会经济效益的技术成果。许多成果通过技术许可或转让的形式应用到海外企业的实际生产中。

2013 年，由清华大学热能工程系自主研发的专利技术——"煤质在线测量技术"许可给美国 TSI 公司。作为世界两大激光诱导击穿光谱（LIBS）设备生产商之一，美国 TSI 公司是世界领先的精密测量仪器设计和生产企业，清华大学在软件建模方面具有领先的技术优势，双方资源互补，共同携手致力于 LIBS 技术在线、快速煤质分析设备的开发。作为一个以煤为主要能源的国家，发展煤质在线测量技术有助于提高中国燃煤效率，减少二氧化碳的排放。该项目作为清华大学自主研发的科研成果成功许可并推广应用到国际企业的典范，不仅在工业生产中有巨大的商业价值，同时更具有深远的社会意义，将为中国煤炭产业的可持续性发展发挥积极的推动作用。

7.1.5　共建国际合作机构

一是国际科技合作联盟。科技部、发改委能源局与美国能源部共同支持成立了"中美清洁能源联合研究中心"。中心下设清洁汽车、洁净煤、建筑节能三个合作联盟，清华大学承担和参与了三个联盟的重要工作。其中"清洁汽车合作联盟"由清华大学牵头，汽车系欧阳明高教授担任中方主任，美方参加单位包括密歇根大学、麻省理工学院、橡树岭国家实验室、通用汽车、福特及克莱斯勒等；清华大学热能工程系的姚强教授作为首席科学家承担了"洁净煤合作联盟"项目，美方合作单位有西弗吉尼亚大学、洛斯阿拉莫斯国家实验室、通用电气、杜克能源等；在"建筑节能联盟"中，清华大学建筑学院的江亿院士作为技术带头人，承担"建筑节能合作项目—建筑能耗监测与模拟"，美方合作单位有劳伦斯伯克利国家实验室、加州大学戴维斯分校、陶氏化学公司等。

　　二是联合研究中心。联合研究中心是清华大学涉外科研合作的一个重要模式，具有规模大、合作时间相对稳定、鼓励学科交叉等特点。清华大学与多所一流大学和多家知名跨国企业逐步建立了互信双赢的战略合作伙伴关系。作为校际和校企间科研合作的推进平台，清华大学先后与美国霍普金斯大学、新加坡国立大学等国外大学和研究机构，与丰田汽车公司、联合技术公司、西门子公司、波音公司等 30 多家海外企业成立联合研究中心，积极有效地整合双方的科技、智力和财力资源，相对稳定的合作有利于产生原创性以及具有工业应用价值和社会影响力的重大科研成果。2013 年清华大学和三星、英特尔、戴姆勒、微软等公司成立联合研究机构，其中携手东南大学和中国科学技术大学，与英特尔公司联合成立"英特尔移动网络与计算协同研究院"，尝试引入了企业与高校间协同创新的模式，共同推动移动互联网的创新发展。与微软公司成立联合创新与知识产权研究中心。该中心是清华大学在人文社科领域内与国际企业成立的首个校级联合研究中心，以该中心为平台，融合清华大学相关院系与学科间的资源优势，就创新政策扶持、知识产权法律体系发展等领域的课题进行深入研究，为中国建立可持续发展的创新生态以及更为完善的知识产权保护长效机制提供参考和建议。

　　三是海外知识交流中心。西门子公司在清华大学成立了"清华—西门子知识交流中心"。作为西门子公司在全球范围内与教育机构之间构建的最高级的合作模式，知识交流中心为双方在能源、工业和医疗保健领域内，在科研与人才培养等多方位的深入合作构建了有效的沟通桥梁与交流平台。在西门子公司的支持下，清华大学和加州大学伯克利分校的联合研究项目"绿色在线实验平台"，以智能建筑为应用领域，展开绿色电子通信与智能网络控制等方面信息技术的研究，开发减少能耗、保护环境的新型信息能源技术。该联合研究项目具有特殊的意义，开创了以校企间科研合作为桥梁推动大学间合作与交流的新模式。

　　总体而言，清华大学的国际科技合作在全国处于领先地位，在合作研究、国际人才引进、国内人才派出、国际学术会议等各方面都具有优势，同时具有自身特色，具体而言：在合作对象方面，清华大学在广泛交流的基础上，依托自身强大的科研能力，重点与国际一流机构进行合作，强强联合，成果显著；国际合作模式及项目上，清华大学积极开拓自我优势，具有自我创新的国际合作模式，完善而具有特色的合作模式及体系极大地促进了清华大学国际科技合作，对于清华大学的人才培养及科学研究都有极大的推动作用，提升了清华大学的实力及国际影响力。

　　当前，为进一步加强国际科技合作与交流能力，清华大学正积极采取各类措施以完善其国际合作体系，进而提升清华大学的科研能力及国际影响力。在《清华大学事业发展"十二五"规划纲要（2011—2015 年)》中可以看到，清华大学对于自身国际科技合作与交流也进行了更为深入的研究和部署。为加强顶层设计和战略部署、完善国际合作交流布局，积极推进国际学术交流与科技合作体系、国际化服务体系和国际影响力建设。一是国际学术交流与科技合作体系建设。积极推动师生以多种形式参与国际主流事务，参与国际组织政策、规则、标准等的研究与制定，深入开展富有影响的海外重点活动。推动"清华论坛""清华海外名师讲堂"等重要学术交流平台建设。推动国际联合机构建设，通过学生联合培养、学者联合研发、联合论坛、研讨会等多种形式，建立长期稳定的合作机制，产生可持续、有规模、有影响的合作成果。鼓励和支持教师在国际学术热点以及人类面对的重大问题上积极开展国际合作研究，启动实施若干项由教师参与和承担的重大国际合作项目。二是国际化服务和保障体系建设。推进教育教学、课程管理的双语机制，逐步提高教育教学的国际化服务能力。建设开放包容的校园文化，改进和完善留学生管理与服务体系，努力营造留学生与本土学生和谐相处、充分交流、共同发展的校园氛围。构建国际化的行政基础设施，为国际化活动提供良好的服务和保障。加强职员培训，提高专业能力和综合素养，努力提升国际化教育服务水平。三是国际影响力建设。建立海外综合办公室，统筹学校海外资源，提升国际化办学水平，扩大学校国际影响力。加强对外宣传，积极参与、主导国际教育发展。推进国际合作与交流信息系统建设，定期发布教育教学和学术信息，完善和优化学校及院系英文网页（《清华大学事业发展"十二五"规划纲要（2011—2015 年)》，2010）。

7.2　上海交通大学：国际化牵引世界一流大学建设

7.2.1　国际科技合作现状

上海交通大学对外交流与合作的历史非常悠久，早在学校创办初期（1896—1920），学校就引进西方科学技术和人才，同时派遣大批毕业生赴英美等欧美国家留学深造。新中国成立后，对外交流对象主要是以苏联为主的社会主义国家。改革开放以来，学校对外交流合作全面展开。1978 年 9 月，上海交通大学派出教授代表团赴美国进行学术访问，开启了与美国各界尤其是教育界合作交流的大门，为学校国际科技合作与交流开辟了道路。在 20 世纪 90 年代，上海交通大学着力推进国际化发展战略，按照国际化办学战略，积极开展国际科技合作交流。1994 年，学校与欧洲管理发展基金共同创建中欧国际工商学院，开辟中外合作办学的先河。2000 年 5 月，学校成立国际教育学院，专门负责学校来华留学生招生（包括本、硕、博学位生和非学位普通进修生）管理，专门从事对外汉语教学与科研。2002 年上海交通大学在新加坡成立研究生院，这是中国在海外设立的第一个研究生院，标志着学校高层次学位与研究生教育开始走向世界，是学校国际科技合作发展重要的一步。2006 年，学校建成上海交大—密西根大学联合学院，进行全面实质性的合作办学，这是中国高校国际化办学的标志性成果。近年来，上海交通大学推进与世界著名大学及跨国公司的国际科技合作，与海外20 多个国家和地区的多所著名大学建立了校际合作关系，与数十家跨国企业和研究机构建立了伙伴关系，共建联合实验室，合作培养人才，协力科技攻关。通过广泛的国际交流与合作，上海交通大学的师资队伍逐渐壮大、科研水平迅速提升，正向"世界一流大学"的目标迈进。

近年来，上海交通大学推进与世界著名大学及跨国公司的国际科技合作，先后与英国的剑桥大学、牛津大学、帝国理工学院、诺丁汉大学，美国麻省理工大学、加州大学、密歇根大学、杜克大学，德国海德堡大学、慕尼黑工业大学，比利时鲁汶大学，北欧的瑞典皇家理工学院、挪威科技大学，澳大利亚新南威尔士大学、悉尼大学，新加坡国立大学开展了实质性校际合作。从表 7—3 及图 7—2 中可看出，近年来，上海交通大学与多个国家和地区的高水平大学建立了科技合作关系，合作对象多来自发达国家，主要集中于西方发达国家及部分亚洲国家。其中美国最多，为 17 所；日本其次，为 10 所；德国 9 所；这三者约占总数的 52%。学校与美国、英国、加拿大、德国等西方发达国家高校的科技合作主要以联合办学、联合培养、合作研发等形式为主，与日本、中国台湾、中国香港等亚洲国家及地区高校的科技合作则以学术交流、人员互访的形式为主。

表 7—3　　　　　　2007—2011 年上海交通大学境外校际合作伙伴汇总表

序号	合作伙伴	现有的实质性合作	总体排名
1	美国麻省理工学院	中国制造业领袖项目、能源培训	5
2	美国哥伦比亚大学	安泰经管学院、国务学院、工学院合作	7
3	美国康奈尔大学	农生学院合作、学生联合培养	12
4	美国加州大学洛杉矶分校	孔子学院、双向暑期班	13
5	美国加州大学圣迭戈分校	电信学院科研合作	14
6	美国宾夕法尼亚大学	沃顿商学院教师培训、医学院合作	15
7	美国华盛顿大学	生物医学工程科研合作	16

续前表

序号	合作伙伴	现有的实质性合作	总体排名
8	美国加州大学旧金山分校	医学院及生物医学工程科研合作	18
9	美国霍普金斯大学	生物医学工程科研合作	19
10	美国密歇根大学	教学合作（密西根学院）、科研合作（能源、生物医学器件）、医学院合作	22
11	美国伊利诺伊大学香槟分校	科研合作（电信 111 项目）、干部培训	25
12	美国杜克大学	文科合作正在开展	31
13	美国南加州大学	马歇尔商学院全球 EMBA、工学院科研合作	46
14	美国加州大学戴维斯分校	农生学院合作、学生联合培养	49
15	美国俄亥俄州立大学	科研合作	62
16	美国普渡大学	孔子学院、暑期班、学生交流	65
17	美国佐治亚理工学院	双硕士项目（电信、物流）、双向暑期班、学生交流、教师交流、中美物流中心、合作科研（电信、物流、环境）、社会服务、汉语学习	101—151
18	加拿大英属哥伦比亚大学	尚德商学院国际 MBA、双向暑期班	36
19	加拿大蒙特利尔大学	学生交流、联合培养博士生、教师交流、合办学术期刊、合作科研	101—151
20	英国牛津大学	工学、化学领域合作	10
21	英国伦敦帝国理工学院	教学科研合作、系统生物学、代谢组学的合作	26
22	英国曼彻斯特大学	材料学院科研合作、安泰经管学院教学合作	41
23	英国谢菲尔德大学	机动学院科研合作	81
24	英国诺丁汉大学	船建学院、农生学院合作、学生交流	83
25	德国慕尼黑工业大学	学生交流、暑期班	57
26	德国慕尼黑大学	学生交流	
27	德国海德堡大学	孔子学院、学生交流、联培物理、生物医学工程双硕士	63
28	德国波恩大学	学术交流、学生教师交流、合作科研	98
29	德国柏林工业大学	合办计算机双硕士、学生交流、教师科研合作、建联合实验室	201—302
30	德国卡尔斯鲁厄大学	学生交流、机械领域联合设计项目	201—302
31	德国康斯坦茨大学	学生交流、经济人文学科合作多年、合作培养双硕士	303—401

续前表

序号	合作伙伴	现有的实质性合作	总体排名
32	德国柏林自由大学	物理系合作、教师和学生互换、科研合作	
33	德国 Jülich 研究中心	合作科研、学生交流、合作出版协议	
34	法国巴黎五大	医学院合作、教师和科研人员及学生间互访和交流	152—200
35	法国国立高等先进科技学校	中法教育部合作 9+9 项目	201—302
36	法国中央理工学校	中法教育部合作 4+4 项目	
37	法国高等矿业大学	双边合作 3+2+1 学生联合培养项目	303—401
38	瑞士洛桑联邦理工学院	电信学院合作	101—151
39	荷兰代尔夫特理工大学	船建学院合作	152—200
40	瑞典隆德大学	学生交流、教师互访、合作科研	101—151
41	挪威科技大学	共建联合研究中心（轻合金、可持续能源）、合作科研、联合指导博士生、共办研讨会、学生交流、合作论文	201—302
42	澳大利亚悉尼大学	工学院合作、生物医学工程科研合作	94
43	澳大利亚西澳大学	医学院合作、合作培养博士生	101—151
44	澳大利亚新南威尔士大学	孔子学院、工学院合作、联合培养博士生	152—200
45	澳大利亚蒙纳士大学	合作培养博士生	201—302
46	日本京都大学	医学院合作、教师、科研人员及学生间互访和交流	24
47	日本大阪大学	学术研讨会、学生交流、教师交流	71
48	日本名古屋大学	学生交流	82
49	日本东北大学	材料学院科研合作、学生交流	84
50	日本东京工业大学	学术交流	101—151
51	日本九州大学	学生交流	152—200
52	日本早稻田大学	学生交流、青年教师进修	303—401
53	日本横滨国立大学	学生交流	
54	日本立命馆大学	学术交流、学生联合培养	
55	日本学术振兴会	派诺奖得主来校讲学	
56	新加坡国立大学	学生交流	101—151

续前表

序号	合作伙伴	现有的实质性合作	总体排名
57	新加坡南洋理工大学	双向 MBA 合作、上海交通大学新加坡研究生院	303 401
58	台湾大学	学生交换	101—151
59	台湾"清华大学"	学术交流、学生交换	201—302
60	台湾成功大学	学术交流、学生交换	201—302
61	台湾新竹交大	学术交流、学生交换	303—401
62	台湾"中央大学"	学术交流、学生交换	
63	台湾政治大学	学术交流、学生交换	
64	香港大学	学术交流、学生交换、工学院本科生双学位、本科生委培	201—302
65	香港中文大学	学术交流、学生交换	201—302
66	香港科技大学	学生交换	201—302
67	香港理工大学	学术交流、学生交换、科研合作网协作单位	303—401
68	香港城市大学	学术交流、学生交换、联合培养博士生	
69	香港浸会大学	学术交流、学生交换	

资料来源：上海交通大学国际合作与交流处（暨港澳台办公室）。

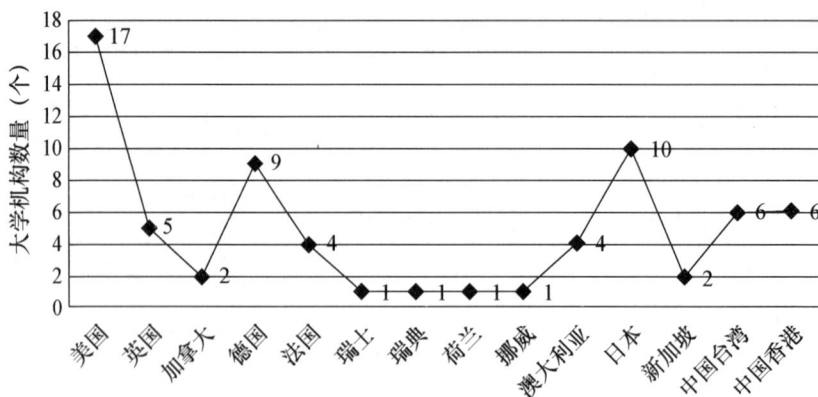

图 7—2　2007—2011 年上海交通大学境外校际合作伙伴的地域分布

资料来源：上海交通大学国际合作与交流处（暨港澳台办公室）。

　　总体上看，从 1978 年至今，上海交通大学国际科技交流合作由早期的人员交流、举办国际会议等表层合作形式转变为有目的、有选择地聚焦需求的分层次合作，逐步形成了多层次、多渠道、全方位的国际科技合作格局。一是学校层面的合作。上海交通大学积极地与世界一流大学建立战略合作伙伴关系，目前已与数十所世界顶级大学开展合作。2012 年，上海交通大学与 14 所世界名校开展了国际合作人才培养，其中包括美国耶鲁大学、加拿大多伦多大学、法国巴黎高科技工程师学校集团、英国诺丁汉大学、瑞典斯德哥尔摩大学、澳大利亚墨尔本大学等。这些国际合作人才培养项目具有明确的人才培养计划与目标，不仅涉及双方学生交换、硕博研究生的联合培养、双学位培养等具体的教育教学活动，也涉及国际学术的共同研发。二是专业领域和学院层面的合作。上海交通大学利用学院自身的专业特点，积极开展国际科技合作交流。以电子信息和电气工程学院为例，近年来，学院通过双学位项目、交换生项目、暑期项目及春季短期项目等国际合作模式，并借助国际会议、联合学术研讨会、联合实验室等多种形式，不断加强国际科研合作。目前，该学院已与日本早稻田大学、德国柏林工业大学等十多所世界一流大学的相关院系建立了广泛持久的合作关系，大大提高了人才培养质量。这些在学院层面开展的国际合作与交流活动，充分利用了院系学科的专业优势，在促进学院自身国际化发展的同时，为学校层面的进一步国际"联姻"做好了桥接和准备。譬如，2012 年 4 月，上海交通大学在新西兰奥克兰大学设立的上海交通大学研究生实习基地，即是由国际教育学院利用近几年的对外汉语教育资源优势，逐步牵线搭桥而建立起来的国际合作平台。三是项目层面的合作。以项目为主的国际科技合作主要与专业发展需求和专业发展特色相适应，实施以知名教授为负责人的点对点合作，这方面的实例较多。例如，上海交通大学计算中心与香港科技大学倪明选教授共同承担了国家 973 项目"无线传感网络的基础理论及关键技术研究"，与美国吴杰教授合作承担了国家自然科学基金海外杰出青年项目，等等。这些项目不仅提高了学校实验室承接国家大型科研项目的能力和自主创新能力，而且为团队建设提供了一个广阔的实验空间，使每位参与者的才华得以施展。

（1）合作发表论文。

2006—2010 年数据显示，上海交通大学国际论文和国际合作论文数量逐年增加，国际论文总量为 17 376 篇，其中国际合作论文共 3 658 篇。国际论文数由 2006 年的 2 528 篇增加至 2010 年的 4 187 篇，增幅约为 65.6%。国际合作论文占国际论文比重也在逐年提高，由 2006 年的 19.62% 增长为 2010 年的 23.55%（见表 7—4）。在国际合作论文方面，学校与 80 多个国家开展了论文合作，其中与美国、日本、德国、英国、法国、加拿大、新加坡、韩国和瑞典 9 个国家的合作论文数量最多，与这些国家的合作论文数占国际合作论文总数的 80% 左右。

表 7—4 上海交通大学国际论文和国际合作论文比较

年份	国际论文数量（篇）	国际合作论文数量（篇）	国际合作率	篇均被引次数比
2006	2 528	496	19.62%	2.17
2007	2 832	568	20.06%	2.05
2008	3 657	750	20.51%	2.20
2009	4 172	858	20.57%	2.13
2010	4 187	986	23.55%	2.09
总计	17 376	3 658	21.05%	2.04

注：篇均被引次数比表示国际合作论文篇均被引次数与非国际合作论文篇均被引次数的比值。

资料来源：余新丽、赵文华、杨颉：《中国研究型大学国际合作论文的现状与趋势分析——以上海交通大学为例》，载《中国高教研究》，2012（8）；葛军：《新形势下高校国际科技交流合作模式分析与讨论——以上海大学为例》，载《教育学论坛》，2012（29）。

（2）国内外人才交流。

一是引进海外人才。近年来，上海交通大学积极抓住国家高度重视人才引进工作的重大机遇，依托"长江学者奖励计划""千人计划"等一系列人才引进政策，引进了大批海内外高层次人才。2008 年底中央批准实施"千人计划"，截至2012 年，上海交通大学从世界一流大学引进的学者人数累计已超过 300 名，其中通过"千人计划"引进人才 70 人，位居全国高校前列。通过"青年千人计划"引进人才 39 人。教师中境外教师数为 88 人。

二是接受国外留学生。自 2000 年以来，上海交通大学留学生教育发展迅速，来自韩、日、美、德、法、英、澳大利亚等 100 多个国家和地区的留学生人数不断增长；攻读本、硕、博的学位生增加，留学生层次逐年提高。据 2012 年统计，在校留学生共 1 674 人；其中本科生 1 348 人，硕士研究生 271 人，博士研究生55 人。与 2011 年相比，留学生中的硕士研究生增长 49.7%，留学生中的博士研究生则增长 48.6%。从图 7—3 中可看出，来华留学生主要来自亚洲国家，所占比例为 75%，来自欧洲及非洲的留学生比例均为 8%，来自亚洲、欧洲及非洲的留学生比例占 90% 以上。

三是派遣教师赴海外交流学习。上海交通大学非常注重青年教师的培训工作。学校专门从"985"师资建设经费中划出一块，每年资助一批优秀中青年教师赴国外高水平大学、研究机构和实验室进修学习、合作研究或赴国外进行双语教学培训，并与这些出国教师及时沟通学校的重大决策、学科发展的最新动向等，关心他们在国内的家属、子女，吸引他们学成回国。几年来，长期公派回国人员有 184 人，他们在构筑人才高地，促进学校水平、学科水平方面发挥了很好

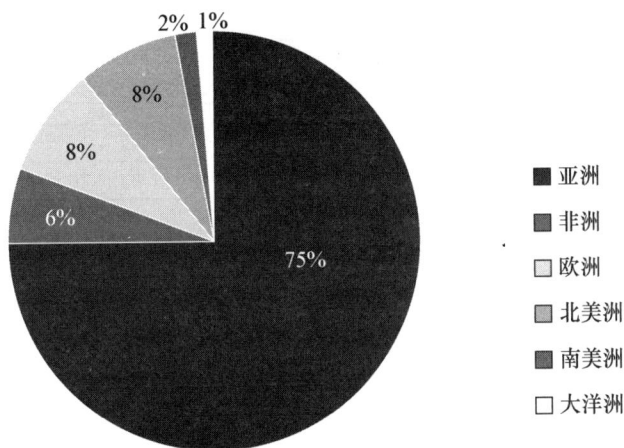

图 7—3　2012 年上海交通大学留学生生源情况（按国别分）

资料来源：《2013 年上海交通大学年鉴》。

的作用，这促进了上海交通大学创新能力、科研和管理水平的提高，促进了专业教育的规范化和国际化，使学校的教学教育走在一流的行列之中。

（3）举办国际学术会议。

国际学术会议是学校国际科技合作与交流的重要组成部分。从表 7—5 及图 7—4、图 7—5 中可以看出，近年来，上海交通大学参与国际学术会议日益频繁，2012 年共有 5 168 人次出席国际学术会议，比 2006 年增加了 2 641 人次，年均增长约 10%；交流论文 1 152 篇，比 2006 年增加了 629 篇，年均增长约 12%。

除了走出国门参与国际学术会议外，近年来也有越来越多的国际学术会议在上海交通大学召开，2005—2012 年，学校共举办国际学术会议 646 次，且近年来呈现增长趋势。随着经济发展和学术水平的提升，上海交通大学参与国际学术的影响力也在增加，近年国际学术会议特邀报告数量比 2006 年有明显增加。

表 7—5　　　　　2006—2012 年上海交通大学国际学术交流情况

年份	出席人员（人次）	交流论文（篇）	特邀报告（篇）	主办（次）
2006	2 527	523	87	156
2007	6 299	1 028	290	63
2008	2 439	468	171	143
2009	2 802	849	271	42

续前表

年份	出席人员（人次）	交流论文（篇）	特邀报告（篇）	主办（次）
2010	2 237	1 566	374	39
2011	3 989	974	429	78
2012	5 168	1 152	322	93

资料来源：教育部科学技术司：《高等学校科技统计资料汇编》。

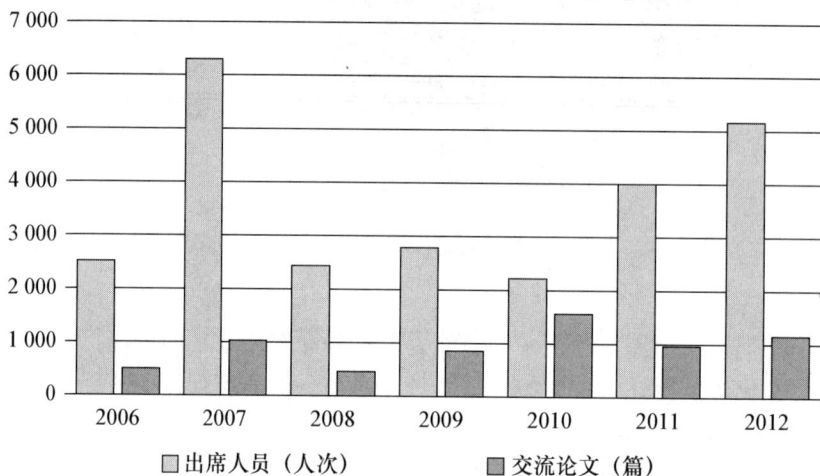

图 7—4　2006—2012 年上海交通大学国际学术交流与论文情况

资料来源：教育部科学技术司：《高等学校科技统计资料汇编》。

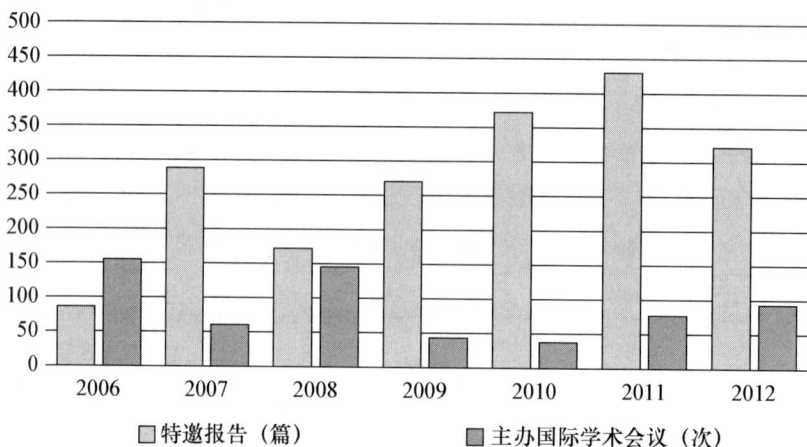

图 7—5　2006—2012 年上海交通大学主办国际学术会议及特邀报告情况

资料来源：教育部科学技术司：《高等学校科技统计资料汇编》。

7.2.2　国际科技合作成效

（1）提高师资队伍的整体水平。

在从海外积极引进高层次人才的过程中，上海交通大学的师资队伍结构得到了有效的优化。2012 年学校拥有博士学位的教师比例与 2007 年相比，提高了28％，拥有海外博士学位的教师的比例翻了三番。在这六年中，师资队伍的其他关键性指标也都出现了大幅度超常规的增长。如杰出青年基金获得者人数增加了40 多位；2012 年，学校到岗的国家"千人计划"专家人数达 60 位，位居全国高校前列；2011 年，上海交通大学的教师申请到的国家自然科学基金项目数、青年基金项目数、杰出青年基金数和创新群体数等四项指标，均已跃居全国高校前列，这反映出学校创新活跃度的大幅度提升。高层次人才的引进从根本上改善了上海交通大学的师资结构，使大学有了坚实厚重的底盘做依托，进而有力地带动了整体办学水平的提高。

（2）提高了人才培养质量。

上海交通大学与海外多所世界一流大学开展了学生交流项目，包括海外实习、联合培养、学期交流等多种形式，提升了学校学生的培养质量。2012 年，上海交通大学的本科生境外访学达 1 241 人次，境外游学比例已超过 30％，每三个本科生中就有一个由学校公派到国外交流深造。通过派出学生出国学习，为学生积累海外学习经历，拓展学生全球化视野，能够培养学生的全球观念和跨文化交流技能，增强学生的国际交往与合作研究能力，有效提高学生培养质量。

（3）增强了学科科研实力。

国际科技合作与交流能够促进科研水平进步，开拓研究者的思路，提高科研效率，从而提升上海交通大学的学科科研实力，为上海交通大学的国际合作拓展了很大的空间。2011 年，上海交通大学发表于科学引文索引的论文数达到 3 519篇，位居全国高校第二，国际论文被引用次数达到 12 555 次。论文质量也相应得到了很大提高，2012 年上海交通大学"表现不俗"的论文数量居全国高校第三，在 *Nature*、*Science* 等世界四大名刊上发表的论文数量居全国高校第一。2011 年，学校国家自然科学基金项目数、总经费、面上项目和青年基金项目四项指标均居全国第一；主持 973 项目数并列全国高校第一；在"水专项""转基因""核专项"等重大科技专项研究方面取得新进展。2007—2012 年，学校共获国家奖 30 项，居全国高校第二，王振义院士获 2010 年度国家最高科学技术奖；新增国家和省部级基地 25 个。

（4）提升了学校的国际影响力。

在不断推进国际化战略以及不断拓展、深化与世界一流大学的实质性合作的过程中，上海交通大学专业学科的国际影响力得到了提升。目前，上海交通大学已有包括工程学、材料科学、数学等在内的 15 个专业学科进入了国际"基本科学指标"（ESI）排名全球前 1%，入围学科数居国内高校第二。高质量的人才培养体系吸引了越来越多的海外学子来校就读或交流。据 2012 年统计，在校留学生共 1 674 人；其中本科生 1 348 人，硕士研究生 271 人，博士研究生 55 人。与 2011 年相比，留学生硕士研究生增长 49.7%，留学生博士研究生则增长 48.6%。同年，来自美、德、法等发达国家知名大学的国际交流生人数达到了 432 名，比 2011 年增加了 40%，占交流生总数的 74%。

7.2.3　国际科技合作展望

上海交通大学"十二五"规划提到，未来十年是学校开展全方位实质性国际化办学的战略机遇期，学校将以国际化牵引学校人才培养、科学研究和师资队伍建设等各项工作，通过国际化促进学校快速发展。

首先，形成分层次的国际科技战略合作网络。采取"主动联系，循序渐进，争取全面合作，平等互利"的基本原则，主动联系，积极拓展与世界一流名校的国际科技合作交流，形成标志性办学项目。对于一些已经有合作基础的世界一流大学，如密歇根大学、加州理工大学、普渡大学、伊利诺伊大学香槟分校等高校，要主动扩大加深与其的国际科技合作，通过上海交通大学密西根学院、上海高级金融学院的溢出效应，带动和支撑其他学科的国际化水平，重点推进上海交通大学—巴黎高科卓越工程师学院、上海交通大学—康奈尔联合学院、南加州大学合作项目等实质性国际合作办学项目。针对一些与上海交通大学已有传统合作关系、有专业特色的大学，鼓励院系与教师继续保持合作。

其次，重点推进国际科技合作基地建设。上海交通大学将积极推动学校和世界知名大学与科研院所的合作，从各个方面、各个角度、各个渠道开展与世界一流大学及科研机构和国际著名企业的科技合作。学校将重点建设与新加坡政府合作的"卓越研究与技术企业学园"项目，建立联合实验室和联合研究所，建设当今主要大国的国际战略研究中心，共同开展高水平的科学研究。

再次，推进人员国际交流工作。学校将推进与世界一流大学的学生互换工作，扩大学位留学生规模，尤其是博士留学生及硕士留学生的规模，提高留学生生源质量。鼓励青年教师和博士后出国参加重要学术会议，帮助他们构建国际学术人际网络。通过"千人计划""长江学者奖励计划"等,加大引进海外高级人才的力度,采取灵活的国际人才引进机制聘请国际一流学者来校工作。加快引进世界一流大学的博士来校任教或者做博士后,快速提升师资队伍的整体水平。

最后,进一步重视国际科技合作的管理人员队伍建设。学校于 2013 年 3 月及 9 月对管理人员分别实施了两期英语培训,并在此基础上对学员进行考核。针对当前学校国际合作发展现状设立相关科研课题,为进一步加强国际科技合作交流拓展思路。另外,学校还将对现行来华留学生教育管理体系做出改革,强化培养各类高端人才的育人能力。

7.3 华东师范大学:教育合作凸显国际化发展特色

华东师范大学是一所综合性研究型大学,现有博士学位授权一级学科 26 个,硕士学位授权一级学科 38 个,博士后科研流动站 23 个;拥有 2 个国家重点实验室,1 个国家野外科学观测研究站,7 个教育部重点实验室和工程中心,8 个上海市重点实验室和工程中心;专任教师 2 195 人,教授及其他高级职称教师 1 500余人,其中中国科学院和中国工程院院士 13 人,国家"千人计划"入选者 15人,教育部"长江学者奖励计划"特聘教授及讲座教授 21 人,国家"百千万人才计划"入选者 19 人,国家"杰出青年科学基金"获得者 19 人,"紫江学者计划"入选者 86 人。

近年来,华东师范大学以建设国际知名的研究型大学为目标,以国际教育和人才培养合作带动国际科技合作与学术交流,国际科技合作与学术交流实现了快速发展。以国外留学生为例,2012 年在校留学生包括 118 个国家总计 5 019 人。截止到 2013 年,华东师范大学的外国留学生中,短期留学生 1 616 名,长期留学生 3 403 名,博士生 153 名,硕士生 392 名,本科生 533 名,其他留学生 2 359 名。

7.3.1 国际合作战略日趋明晰

作为一所国家重点建设的高水平大学,华东师范大学一直致力于推进国际合作,并把"国际化"作为学校的重要发展战略之一。2006 年,华东师范大学制定了"十一五"发展规划,明确提出自身的发展目标,即"拥有若干一流学科、多学科协调发展、引领中国教师教育发展的世界知名的高水平研究型大学"。为实现这个目标,学校提出了"一个中心、两个推进、三大战略"的发展思路:以培养创新型人才、提升创新能力为中心；推进学科交叉融合，推进学校国际化进程；培育英才、集聚资源、创造精品。可见，自 2006 年开始，华东师范大学已经在战略高度上对国际化予以充分重视，且明确将"推进学校国际化进程"作为一项战略举措。2010 年，华东师范大学又出台了《关于加快推进华东师范大学国际化进程的若干意见》，旨在全面推进学校的整体发展和中长期发展目标的实现。该意见书再次明确指出，推进国际化进程是学校发展的重要战略。其中包括：推进国际化进程是学校发展的重要战略，需要以全球视野审视、规划学校发展目标、路径和举措，以国际化理念思考、推动队伍建设、学科发展、人才培养、科学研究和管理服务。建立健全留学生服务体系，加强与国际接轨的服务功能，深入探索留学生基础部的建设，落实校院（系）两级留学生管理体制。利用国际教育园区内的国外大学课程资源，为本校学生提供更多的优质选修课程，建立国际学分板块。积极推进全英文课程、跨文化课程的建设，鼓励引进海外优秀教材。积极参与国际组织相关的教育政策、规则、标准的制定，积极参与和组织国际项目研究计划。可见，华东师范大学近些年来是在通过战略的规划和落实，引领和推进着学校的国际化工作，实施国际化战略亦已成为华东师范大学建设世界知名高水平大学的重要路径。正如华东师范大学校长俞立中（2010）多次所强调的："建设一所高水平大学，一定要站在一个国际大舞台上来审视自己，需要拥有的是一种国际的视野和高度，以战略眼光和战略高度对学校发展会起到实质性的影响。"

7.3.2　国际合作对象逐步拓展

华东师范大学先后与法国巴黎高师集团，美国宾夕法尼亚大学、纽约大学，日本东京大学等世界著名大学建立了战略合作伙伴关系，与世界 160 多所高校、科研机构签订了学术合作与交流协议（见表 7—6）。2001 年 10 月，法国巴黎高师、加香高师和里昂高师三所大学的校长代表法国高师访问华东师范大学，参加学校 50 周年校庆，明确了合作办学的意向和总体思路。2002 年 7 月，学校与法国高师四所大学正式签订了合作办学协议，正式开启了中外联合培养研究生的新模式。2004 年，华东师范大学教育科学学院与美国宾夕法尼亚大学教育学院开始联合培养博士。2009 年，来自美国密歇根州立大学、华盛顿大学、德拉华大学的 9 名博士生作为首批交流生来我校学习。2011 年 3 月，由华东师范大学携手纽约大学建设的上海纽约大学在上海陆家嘴金融贸易区奠基，标志着华东师范大学国际合作办学进入了全新的时代。

表 7—6　　　　　　　　　华东师范大学合作国家及院校个数

大洲名称	国家名称
美洲（44）	美国（37）；加拿大（6）；智利（1）
亚洲（57）	日本（38）；韩国（14）；越南（1）；马来西亚（1）；新加坡（1）；菲律宾（1）；约旦（1）
非洲（2）	埃塞俄比亚（1）；坦桑尼亚（1）
大洋洲（4）	澳大利亚（3）；新西兰（1）
欧洲（58）	法国（21）；比利时（2）；荷兰（3）；瑞士（2）；奥地利（1）；德国（7）；保加利亚（1）；白俄罗斯（3）；丹麦（1）；冰岛（1）；瑞典（2）；爱尔兰（1）；英国（9）；西班牙（2）；意大利（2）

说明：括号内数字代表合作院校个数。

资料来源：根据华东师范大学官网整理。

7.3.3　国际合作载体日渐丰富

2006 年以来，纽约大学、美国国际教育交流协会（CIEE）、美国海外文化体验中心、弗吉尼亚大学、科罗拉多州立大学、法国里昂商学院和加拿大圭尔夫大学等先后在华东师范大学建立了它们的海外中心，每所学校每年大概有几十至几百个学生来华，选修华东师范大学的学分课程。这一创新的合作模式，加强了双方学术及管理等多方位的联系，同时双方在课程、研究、教师发展等诸多领域的合作也更为紧密。就管理模式特色而言，国外大学的海外中心都配备独立的管理人员，华东师范大学国际教育中心则是国际教育园区的中方负责部门。双方管理互相借鉴，有利于共同发展为国际化水平的管理模式，从而孕育能适应国际化发展趋势的创新人才。就学术资源共享而言，华东师范大学与这些海外大学进行了实质性的合作，包括留学生汉语修习、课程共享、MBA 学员培养、教师发展等各个方面。此外，这些海外大学的教授也会来华东师范大学开设一部分课程，这就能让华东师范大学的本校学生不出校门就可以享受一些国际优质教学资源，获得多元化的文化经历，这无疑能够极为有力地增进广大学生的国际理解力。以法国里昂商学院合作项目为例，作为华东师范大学战略合作伙伴的法国里昂商学院于 2006 年在华东师范大学启动了名为"Entrepreneurs For Asia"（亚洲企业家）的硕士专业课程。里昂商学院上海校区特别向华东师范大学硕士研究生免费开放名额，华东师范大学学子与来自里昂商学院的外国学生共同完成课程学习和实践活动。"亚洲企业家"专业课程由"亚洲商业环境""绩效测量及团队管理""公司的国际化策略"和"中国企业家精神和革新"四门学科组成。根据诸多本土学生反映，这些课程对于他们的整个专业学习和综合能力的提升都产生了极为深刻的影响。

2008年，国家汉办国际汉语教师研修基地在华东师范大学成立。在推进国际化的进程中，学校特别设立了国际教育园区，使得本校学生可以在不同教育文化背景下，参与国际学生群体共同学习，选择课程。同时，学校还在美国、意大利协办了6所孔子学院。

多年来，通过创办上海纽约大学、推进教师和学生的国际交流、创建联合实验室等方面的努力，华东师范大学积累了丰富的国际学术交流资源。这些资源不仅为提高教育教学与科研的国际化水平，实现建设国际知名的高水平大学的目标奠定了坚实的基础，同时也为高层次人才培养提供了国际合作平台，让优秀的学生在与中外顶级专家的合作中迅速成长。

7.3.4　国际合作项目异彩纷呈

华东师范大学作为国家"985工程"重点建设的大学，在推进国际化的进程中，不断拓宽交流与合作的渠道，加强校际交流和合作，增进国际理解。目前，华东师范大学已与多所国外大学建立国际合作项目。典型的国际合作与学术交流项目包括：中法研究生教育合作项目、与美国康奈尔大学联合建立比较人文研究中心、哥伦比亚师范生交流项目等。

（1）中法研究生教育合作项目。华东师范大学与法国高师（巴黎高师、加香高师、里昂高师、文学与人文科学高师）的合作已经开展了9年。自2002年起，双方在多学科领域开始联合培养研究生。在人才培养方面，截至2009年，双方已招收了8届共计177名研究生，已毕业了6届123名学生，他们都获得了由5校共同颁发的证书，其中有65人作为联合培养博士研究生，赴法国学习。从2006年开始，华东师范大学也开始正式接受法国高师的学生作为联合培养博士生。在教师交流方面，9年来，法国高师先后派出61名教授来华东师范大学授课，许多教授都是在法国学术界享有较高声誉的著名学者，其中还包括两位法国科学院院士。华东师范大学也先后有近20位教师受邀赴法国高师进行讲学和进修。在科研合作方面，双方教授以人才培养为纽带，建立了密切的科研合作渠道；在生命科学、化学、社会学、光学和电子科学等学科，双方教授已开展了共同申请课题的深度科研合作。在学术交流方面，以中法联合培养研究生项目为纽带，双方举办了多次学术研讨会。

（2）比较人文研究中心项目。2009年8月1日，由华东师范大学与美国康奈尔大学联合建立的比较人文研究中心正式揭牌。该中心为双边建制，旨在有效调动和整合两校在人文学科方面的优质学术资源，为中美两国人文领域的学者搭建长期对话与合作的平台，共同探求人文研究新的问题领域和学理路径。这个合作项目是中美大学之间首度以双边建制方式创新打造人文社科交流平台。

（3）哥伦比亚师范生交流项目。哥伦比亚师范生交流项目于 2009 年启动，旨在完善华东师范大学师范生人才培养模式和激励机制，加强师范生的培养工作，开阔师范生的国际视野，培养学生的教学能力。2009 年 7 月，华东师范大学派出 30 名来自各院系的免费师范生启程赴美国纽约哥伦比亚大学，进行为期四周的"师范生卓越人才培养计划"暑期实践培训活动。除了上述正式的国际合作与交流的项目之外，学校还组织各种国际会议以推动和落实整个学校的国际化进程。这亦构成了华东师范大学国际交流与合作的日常动态。根据学校相关数据，主办、承办各类国际会议是华东师范大学承担大学责任，扩大学校国际影响力，加强国际交流和国际理解的重要途径之一。华东师范大学每年都会主办诸多国际会议。以 2009 年为例，在学校国际交流中心的统计报告中就提到了组织和参加的国际会议 18 次，其中多数是学校作为主办方组织的国际性会议。比如，"东亚社会工作国际论坛"、"融合教育背景下特殊教育的发展"研讨会、"现代视域中的儒学"国际学术研讨会、首届计量逻辑与程序量化国际学术会议、"全球化、创新与城市—区域发展"国际学术会议、国际教师教育论坛暨亚太国际教育研讨会、"跨国公司、创新与区域发展"国际学术研讨会、城市社会结构的变动与重构国际会议等。综上所述，华东师范大学的国际合作与交流紧密围绕着"研究"这一学校特性、"教师教育"这一学校优势，此外还充分考虑到国际会议对于一所研究型大学国际化影响力之重要价值。可以说，华东师范大学的国际交流与合作动态是充满活力的，亦凸显出研究型大学国际化发展的应有之义。

第 8 章

中国高校科技国际化的战略思路及对策

8.1 当前中国高校科技国际化的形势需求

8.1.1 科技全球化深入发展，国际科技合作成为各国科技创新重要举措

正如经济全球化是对外投资和国际贸易的重要动力一样，科技的国际化和全球化也为科技领域的国际合作提供了重要契机。高校作为中国基础研究的主力军和人才培养的主阵地，在国家创新体系中具有极为重要的战略地位，更应该顺应科技全球化的发展潮流，主动开展国际科技合作与交流。

第一，科技全球化迅猛发展，各国之间的科技联系愈加紧密。20世纪90年代以来，随着信息网络技术的飞速进步，全球化成为世界发展的最大特征，全球化的浪潮已经席卷地球的每个角落，世界各国和地区正在受到全球化带来的冲击，各国的经济、科技和文化已经被深深地打上全球化的烙印。随着科学技术对经济发展的影响不断加深，科技全球化初现端倪，不断推动着世界经济向纵深发展。特别是进入21世纪以来，科技全球化呈现出新的特点和发展趋势，国际创新要素流动空前活跃、重组不断加快，研发资源跨界流动与合理配置愈演愈烈，各国之间的科技联系更加紧密，国际科技合作的范围、领域、规模、形式都在不断扩张和变化。例如，美国仅联邦政府各主要职能部门就与110多个国家和地区签署了近900个科技合作协议和谅解备忘录等，州一级政府和地方政府与他国签署的科技外交协议更是不计其数；欧盟实施的"欧盟科技框架计划"，共吸引了

世界 60 多个国家和地区的参与。

第二，新的产业革命和科技革命曙光初现，为高校开展国际科技合作交流提供了舞台。2012 年 4 月 21 日出版的《经济学人》杂志刊登了保罗·麦基里的评论文章《第三次工业革命》，文章认为，随着生产的数字化，以 3D 打印、智能制造和机器人技术为代表的第三次工业革命正在全球范围内展开。与此同时，由于 2008 年爆发的全球金融危机充分暴露了虚拟经济与实体经济相脱节的严重问题，实施再工业化战略、回归实体经济成为世界许多国家和地区的重要选择。由此，各国围绕科技、产业、经济制高点的竞争日趋激烈，发达国家纷纷实施再工业化战略，部署节能环保、新能源、信息、生物等新兴产业发展计划，如美国制定了《重振美国制造业框架》，通过了《制造业促进法案》，启动了"先进制造伙伴计划"和"美国先进制造业国家战略计划"。新兴经济体也加强了新技术、新产业的战略部署，以便抓住新一轮科技和产业革命机遇。如韩国为发展新一代信息技术和节能环保技术，相继公布了最新的信息技术发展政策，积极发展信息技术产业，并制定了绿色增长国家战略及五年计划，争取在 2020 年底前跻身绿色大国行列。各国围绕新技术革命和产业革命的战略部署，在一定程度上加剧了当前国际科技竞争态势，也为各国之间的科技合作与开放提供了机遇和舞台。

第三，国际科技合作成为世界许多国家和地区利用全球创新资源增强科技创新能力的重要战略举措。在科技全球化背景下，面对日益激烈的全球科技竞争，为抢占新的产业革命和技术革命先机，世界许多国家和地区纷纷把开展国际科技合作、利用全球创新资源作为谋求和推动本国科技发展的重要举措，并在整合内外部科技资源，重构国家与地区的科技创新体系，着力推进"官产学研"间合作方面做了大量工作，制定了一系列新的政策。例如，为利用跨国公司研发资源发展本国科学技术，韩国政府除采取各种措施加强利用国内跨国公司研发资源外，还鼓励本国机构到国外尤其是美国、日本和欧盟等发达国家和地区建立研发机构，以跟踪其技术进步，变被动为主动，近距离地接受其技术溢出。目前，韩国已经在美国建立了 32 家研发机构，其数量仅次于日本、德国、英国和瑞士。1995—2005 年的十年间，韩国共在海外设立了 60 家研发机构。美国发布了《国际科学与工程合作》的政策文件，明确把科学与工程领域的国际伙伴关系作为国家（研发）政策和国家外交政策的优先领域，并降低对技术移民的门槛限制，以吸引国际高层次科技创新人才。英国出台并实施了《研发国际战略》，把"提高英国的国际影响力"作为四大目标之一。德国制定实施了《联邦政府关于科学与研究国际化的战略》，提出进一步科研国际化，增强德国在全球知识社会中的作用。澳大利亚于 2010 年出台了《澳大利亚科学国际化》报告。

8.1.2 全球科技竞争日趋激烈，高层次创新人才成为国际科技竞合新焦点

国际科技竞争日趋激烈，科技创新成为决定国家和区域兴衰的战略焦点。随着科技全球化加速发展，科技创新也日益成为国际上争夺生存权、发展权和话语权的焦点，全球气候变化、能源安全、粮食安全、信息安全和大范围流行疾病防控等重大科技问题已成为国家间利益博弈的关键领域。当前，全球仍处于应对金融危机的状态之中，世界经济已由危机前的快速发展期进入深度调整转型期，全球竞争正从经济竞争、产业竞争前移到科技进步和创新能力的竞争、人才的竞争。各个国家和地区都不约而同地把科技创新作为国家发展的核心战略予以推进。日本发布了《第四期科学技术基本计划（2011—2015）》，提出要以技术革新为重点，提高潜在增长力，强化科技支撑新兴产业和提高国民生活质量的能力；欧盟公布了"地平线2020"科研规划提案，将利用科技创新促进增长作为明确的思路，计划实施周期为2014—2020年，预算经费877.4亿欧元；美国发布了《美国竞争力与创新能力（2012）》报告，梳理提出了一批依托强化创新能力提升国家竞争力的长期举措；俄罗斯发布了2020年前创新发展战略，计划从2014年起进行大规模的军备重装和工业现代化建设，推进国家创新体系建设，吸引创新领域的科学家、企业家、专业人士等人才流入。

高层次创新人才作为决定科技创新成败的核心要素，日益成为各国竞相争夺的战略资源。先进生产力的发展在于科技创新，科技创新在于创新人才。人才是经济社会发展的第一资源，是社会文明进步、人民富裕幸福、国家繁荣昌盛的重要推动力量。创新人才是国家创新体系构成的核心要素，是新知识的创造者、新技术的发明者、新学科的创建者，是科技新突破、发展新途径的引领者和开拓者，在国家科技创新能力建设中处于先导地位，创新人才特别是高层次创新人才是决定科技创新成败的核心要素。与此同时，人才跨国流动呈现加速化、专业化、知识化发展态势，世界范围内的"人才争夺战"愈演愈烈。实践证明，世界强国在崛起过程中不仅非常重视本国人才的培养，也十分注重网罗世界范围内的优秀人才。各国围绕人才竞争特别是高层次创新型人才的争夺愈加激烈。美国实施了更加宽松的绿卡和H-1B签证计划。日本实施了"亚洲人才资金构想"。欧盟建立了蓝卡制度，积极吸引高层次技术人才。印度、巴西、墨西哥、南非等发展中国家为应对竞争，也纷纷出台了诸如双重国籍、特别绿卡等吸引人才回流的制度或计划。

在此背景下，作为培养和集聚高层次创新人才主阵地的高校，更应积极主动地加快国际合作与交流步伐，将国际合作融入创新型人才培养的全过程，持续不断地培养大批具有创新精神、创新意识和创新能力的人才，造就大批具有国际竞争力的拔尖人才，以有效应对日趋激烈的全球人才竞争。依托高校培育和造就一大批创新型人才，是建设创新型国家、实现创新驱动的不竭动力。高等学校是高层次创新人才的培养基地和首要场所，培育、集聚和造就一批高层次创新型人才是高等学校责无旁贷的重要历史使命。

8.1.3　实施开放式创新成为中国实施创新驱动发展战略的内在要求

党的十八大提出实施创新驱动发展战略，要以全球视野谋划和推动创新，提高原始创新、集成创新和引进消化吸收再创新能力，坚持走中国特色自主创新道路。

走中国特色自主创新道路、推动创新驱动发展，需要实施开放式创新，积极主动利用全球科技创新资源。事实上，国家科技发展"十二五"规划也特别提出要进一步扩大科技对外开放，充分利用全球科技资源，推进平等互惠的国际科技合作，加大参与国际科学计划的力度，支持中国科学家参与国际组织的领导工作，发挥中国在国际技术标准制定中的作用；鼓励和支持跨国公司在中国设立研发中心，支持科研机构和企业走出去。改革开放 30 多年来，中国已真正融入世界经济版图和全球创新格局，实施创新驱动发展战略，增强自主创新能力，不可能也不应该"闭门造车"，自主创新不是自我创新，更不是自我封闭，而是应该大胆引进国外一切可以利用的资源，主动走出国门，在国际舞台上增强自身实力。

竞争优势来源于更有效地利用其他人的创新成果，开放式创新已成为现代科技发展的重要趋势。中国企业、大学、科研院所等各类创新主体都应该顺应历史潮流，注重利用外部资源，让公共知识库、合作伙伴、竞争对手、用户等因素都成为创新的源泉，促进内部创新和能力提升。在知识经济时代，创新主体仅仅依靠内部的资源进行高成本的创新活动，已经难以适应快速发展的市场需求以及日益激烈的国际竞争。在这种背景下，"开放式创新"正在逐渐成为创新的主导模式。企业、大学和科研院所都应均衡协调内部和外部的资源进行创新，要积极寻找外部的合资、技术特许、委外研究、技术合伙、战略联盟或风险投资等各类要素，以促进创新价值的实现。唯有如此，才能真正增强中国的自主创新能力，提高中国在国际创新格局中的话语权和主动性，从而为打造中国经济升级版、在国际社会中发挥更加重要的作用奠定基础。

8.1.4　高校科技工作在中国创新型国家建设中担负着重要历史使命

高校的科技创新能力是建设科技强国的重要基础和条件，在中国创新型国家建设中担负着重要历史使命。高校承担着培养高级专门人才、发展科学技术文化、促进社会主义现代化建设的重大任务，是中国基础研究的主力军，是促进技术转移和成果转化、解决国民经济重大科技问题的生力军，也是科技创新与国民教育有机融合、培养和集聚创新型人才的主阵地，在国家创新体系和创新型国家建设中具有十分重要的战略地位，肩负着培养创新人才和提高自主创新能力的双重使命，承担着服务国家、地方重大需求和推进科技进步的双重责任。

第一，高等学校是中国高层次创新人才的培养基地。高层次创新人才在国家科技创新能力建设中处于先导地位。培养创新人才特别是高层次创新人才是高校的核心职能和第一要务。高等学校可以依托国家重点研究基地和重大科研项目，造就一批又一批学术带头人和优秀创新群体。第二，高等学校是中国基础研究和知识创新的主力军。高校集高等教育与科学研究于一体，拥有丰富的青年科技英才和高水平的科研师资队伍，知识资源密集、学术思想活跃、学科门类齐全，是中国基础研究、应用基础研究和高技术领域原始创新的主力军和主阵地。第三，高等学校是中国技术创新和成果转化的生力军。高校通过与产业界的密切联系，分担企业技术创新的部分工作，成为企业技术创新网络中不可或缺的重要合作伙伴，是解决中国国民经济重大科技问题、开展前沿技术研究和应用研究、实现技术转移和成果转化的中坚力量。第四，高等学校是中国国防科技体系建设的重要力量。高校不仅为国防科技创新培养和输送大量人才，同时也是国防科技基础研究、预先研究和一些重大国防科技项目研究的重要力量。高校雄厚的基础研究能为国防科技创新提供重要的理论基础，高校门类齐全的学科能为复杂的国防科技创新提供技术支持。第五，高等学校是中国区域创新体系建设的中坚力量。高校的技术发明是区域经济和科技发展的原动力，校办企业和大学科技园区是培育区域产业集群和创新的引领者和推动者，高校培养的创新人才是区域创新体系建设的重要智力支持。高校在建设各具特色的区域创新体系中具有引领作用，是中国区域创新体系建设的中坚力量。

8.1.5　强化国际科技合作交流是高校增强自主创新能力的重要途径

高校是开展国际科技合作交流的重要力量，国际科技合作对增强高校综合实力具有十分重要的作用。进入新世纪以来，各国需要共同面对和协同解决的资源、环境与发展等全球性问题更为突出，科学研究所涉及问题的空间尺度、投资强度和复杂程度日益扩大，技术、人才、信息、资本、服务、商品等要素在世界范围内的流动日益加速和深化，国际性研究合作活动空前活跃，高校特别是科研基础雄厚的高水平学校已成为国际科技合作的重要力量，在农业、能源、信息、资源环境、人口与健康、材料等基础性研究领域发挥着积极作用，并在国际化和网络化的开放环境中实现竞争、合作与交流（李盛竹，2010）。

国际科技合作与交流对增强高校的科学研究能力和人才培养能力都具有十分重要的作用。第一，有利于增强高校的科学研究能力。积极开展各种形式的国际科技合作与交流，可为高校掌握世界科学技术发展动向、获取前沿信息提供方便之门，也扩大了中国高校在国际科技活动中的影响。高校通过参加国际科技合作交流，能及时了解国际科技进步的最新态势及信息，从而较快地提高学科的学术起点，达到学术上的位能平衡，推动学术水平的整体上升。第二，有利于提高高校科研队伍的整体水平，加速造就学术大师。据统计，1978—1999 年，清华大学派出的留学人员已有 7 人当选为中国科学院院士，有 8 人当选为中国工程院院士；在现任的 11 名校领导中有 7 人为留学回国人员；在 132 位院、系、所、研究中心、国家重点实验室和开放实验室主要负责人中，有出国经历的为 102 位，占 77%。这既反映了留学人员经过国际学术交流后所取得的丰硕成果，也说明国际学术交流在造就学术大师、提高高校科技人才综合能力方面具有特殊作用。第三，有利于改善和优化高校乃至国内的学术文化环境。高校教师及学生通过参加国际学术交流和合作研究，有利于接触并习得国际通行的学术研究规则，养成规范的科学研究方法，从而改善国内科学研究文化环境（陈昌贵，2001；李延瑾，1997）。

8.2　中国高校科技国际化的基本思路

8.2.1　战略定位

进一步深化高校的国际科技合作，要从国家利益、民族复兴的全局出发，对现行国际科技合作战略思路进行再认识、再定位，将深化高校科技国际化纳入中国扩大对外开放和国家安全的总体战略中予以通盘考虑，以战略谋划带动政策创新，以认识提高促进能力提升。

一是提高战略定位。建议从国际发展新形势、国家发展新需求出发，对中国国际科技合作进行战略定位和顶层设计，突破把国际科技合作作为部门工作的传统思维，将国际科技合作提升为国家重点发展战略，抓紧制定实施科技国际化战略，以全球视野、社会视角、大国定位、开放思路谋划科技创新与国际合作，让国际科技合作切实为保障国家安全、促进民族复兴服务。

二是抓好战略集成。促进国际科技合作战略与国家教育、人才、科技、外交、安全战略的有机衔接，配合国家总体发展战略的实施，将国际科技合作作为中国深化对外开放、提升国际影响力的重要方面，在中国周边开放、沿边外交、"一带一路"建设、中国（上海）自由贸易区建设等重大战略部署中有机嵌入科技创新元素，以高校为重要依托载体，充分利用高校人才多、外部人脉广、国际交流频繁、渗透能力强的优势，加快先进成熟技术、创新管理理念向周边国家、发展中国家的输出和应用，为中国科技外交发展探索新模式、开辟新空间。

8.2.2　战略理念

高校开展国际科技合作应以邓小平理论、"三个代表"重要思想和科学发展观为指导，紧密围绕全面建成小康社会和创新型国家的战略目标，全面贯彻"自主创新，重点跨越，支撑发展，引领未来"的科技工作方针，深入落实国家中长期科技发展规划纲要和高校科技发展"十二五"规划所确定的重点任务与要求，在开放中创新，在合作中共赢，有效利用全球科技资源，充分发挥国际科技合作对高校综合能力提升和国家科技发展的促进和推动作用，着力改善合作环境、深化合作内容、创新合作方式、完善协调机制，切实提高合作成效，大幅度提高高校的国际化水平和全球影响力，为国家科技进步、教育发展和经济社会发展做出积极贡献。

8.2.3　基本原则

（1）进出并重，均衡发展。

高校在开展国际科技合作交流中，要坚持"引进来"与"走出去"有机结合、相互促进，实现引进来与走出去的均衡发展。引进来就是要注重引进国外先进的理念、技术、高端人才、优质资源、品牌项目，通过引进国外创新资源，逐步实现自身能力的提升，逐步接近和达到国际公认的水准。同时，在引进来的同时，也要大力创造条件"走出去"，让中国的高校为世界所认知、所理解、所接受、所尊敬，这不仅仅包括教师的交流、学生的交流、学术交流、科研项目的国际化，更包括管理模式、科研与教学理念的国际化（高恂，2006）。

（2）互利互惠，共同发展。

"互惠共赢"是成功推进国际科技合作的基本法则。高校在国际科技合作中，既要充分考虑自身需求，也要切实关切对方利益诉求，积极主动地选择并参与对外科技合作项目；要遵守国内外合作惯例，注重平等互利，在保护好自有知识产权的同时推进成果共享。在设计合作框架、合作方式、合作机制时，把互惠共赢原则贯穿其中，务实推动合作，实现互利共赢与共同发展（赵立涛，2012）。

（3）统筹兼顾，整体发展。

国际科技合作涉及方方面面，高校在开展国际科技合作与交流过程中，要统筹考虑各种要素，整体提升国际科技合作能力，增强国际竞争力。一要统筹考虑科学研究与人才培养，要坚持项目—人才—学科一体化发展，在努力通过国际科技合作提高科研产出、增强科研实力的同时，切实发挥国际科技合作在培养青年人才、促进学科发展中的重要作用。二要统筹考虑国家和地方战略需求、高校自身发展要求及科研人员利益诉求，通过国际科技合作，既提高具体参与人员的综合能力，也促进高校自身的发展，同时满足国家和地方科技、经济和社会发展战略要求。此外，在国际科技合作交流中，还要统筹考虑数量与质量，避免一味地追求规模而忽视能力的提高和影响的扩大。

（4）分类指导，协调发展。

不同类型、不同区域高校的国际合作需求不一样，同一高校不同的院系、学科及科研人员的需求也不一样，因此，高校在推动国际科技合作工作中，要注重分类指导、区别对待，实现各方面的协调发展。第一，从高校类型看，科研实力较强的部分重点高校（211、985 等研究型大学），要积极参与乃至主导国际大科学工程，更多地实现走出去，融入全球科研网络，提高全球影响力和话语权；一般高校则要从实际出发，注重自身能力的积累，逐步实现以我为主的国际科技合作。第二，从地方分布看，沿海地区的高校要充分发挥国际交流渠道的区位优势，率先深化国际科技合作交流，力争在部分领域和项目上为中西部高校起到探索、示范作用，中西部高校则要结合自身特色和优势，充分依托和发挥沿边开放优势，加强与中国周边国家和地区的合作。第三，从高校内部看，学校层面要统筹考虑，兼顾院系、合作团队和具体人员的利益诉求，实现整体效应；院系层面要加强引导和服务，确保合作项目顺利开展；创新合作团队和具体科研人员要充分发挥自身所长，在提高自身综合素质的同时，促进学校国际合作事业的整体发展。

8.2.4 战略目标

（1）总体目标。

中国高校科技国际化的总体目标是，按照国家科技、教育发展中长期规划纲要的总体部署，以宽广的国际视野追求世界一流目标，以项目研究、人才派出和引进、基地建设为依托，持续提升和完善国际科技合作与交流的层次、领域、方式与成效，不断拓展新空间、提升新层次、开创新局面，努力形成全方位、多层次、广领域的国际科技合作局面，使高校科技创新体系更加健全，基础研究、前沿技术研究和关键共性技术研究能力全面跃升，科技国际竞争力和学术影响力显著增强，为教育强国、人才强国和创新型国家建设奠定坚实基础。

（2）具体目标。

进一步加强与国际科技组织和科技团体的交流与合作，积极参与承办或主导国际大科学工程项目，促进科技前沿领域的交流合作，努力在拓展合作领域、创新合作方式、提高合作成效上取得新进展，力争实现"三个转变"：合作内容从一般性的访问交流转向以重点地区、重点项目、重点活动为纽带的合作；合作关系从短期的松散型交流转向长期的紧密型合作，从参与创新过程转向主导创新过程；合作方式从以引进为主转向"走出去"和"引进来"并重，力争在一些重要科技领域的主要国际组织中发挥与中国科技实力和经济地位相适应的作用，力争实现以下几个方面的具体目标。

一是努力取得一批高质量的国际科技合作成果。推动高校积极参与或牵头组织国际或区域性大科学计划和大科学工程；推动高校积极参与气候变化、能源、环境、粮食安全、重大疾病防控等全球性问题的国际合作研究，并在相关领域取得一批创新成果，且自主拥有或合理分享知识产权，大幅度提高中国科技研发在国际学术界、科技界的地位和影响力。

二是努力培育一批有影响的国际科技合作品牌。培育一批高水平的国际学术期刊，提高中国在国际学术领域影响力和话语权。鼓励高校举办有全球影响力的国际学术会议。以科技合作交流为纽带，开展多渠道、多形式、多层次对外文化交流，增强中华文化国际影响力和国家文化软实力。

三是努力打造一批有实力的国际科技合作基地。培育一批世界一流的国际化研究型大学，使其成为中国国际科技合作交流的领头羊和桥头堡。以高校科技创新平台依托，建设一批高水平的国际合作联合研发基地，探索建立国际合作大科学研究项目的管理与评估机制，建立符合国际惯例的国际合作研究基地管理体制与运行机制。

四是努力集聚一支高水平、国际化的合作人才队伍。结合重大国际合作科技专项和重点创新项目，支持优秀科学家到国际科技组织、学术组织、标准组织、高水平国际学术期刊任职；支持高校充分依托"千人计划"、"万人计划"、"长江学者奖励计划"等高层次人才培养和引进计划，加快集聚、培育领军型人才和战略科学家，加快建设高水平创新团队，形成一支具有世界一流水平、学风优良、富有创新精神和国际竞争力的创新人才和团队，成为中国攀登科技高峰和解决重大科技问题的主力。

8.3　中国高校科技国际化的战略重点

8.3.1　瞄准全球科技前沿开展国际合作

高校要主动对接国家战略，从国家创新驱动发展战略需求出发，积极参与全球重大科技问题的合作，针对气候变化、能源环保、粮食安全、重大疾病防控等全球性和区域性热点问题在世界范围内开展相关技术的联合研发。积极参与经合组织、国际能源署及专业领域国际科技组织框架下的科技合作活动；积极创建或加入国际技术标准和技术联盟，不断推动适应中国需求的技术标准和技术规范的制定；在基础科学和前沿高技术领域超前部署，为解决关系经济社会可持续发展和国家安全的重大问题，提供技术手段和科学储备，努力在若干具有全局性、战略性的重大工程课题中突破关键技术（李盛竹，2010）。

8.3.2　促进创新人才国际化

人才培养是高校的核心职能之一，高校开展国际科技合作交流应该把人才的国际化作为重点任务和关键举措予以推进。一方面，要推动本国人才积极融入全球科研体系，提高国际化水平，鼓励教师参加国际科技组织并担任职务，与国外知名高校、科研机构联合办学，互派留学生和访问学者。另一方面，要大力引进和集聚全球高端的创新人才，充分依托国家"千人计划"和地方"千人计划"等海外人才引进计划，引进国家急需、高校急用的科技创新人才，要寻求与世界一流大学、研究机构建立长期稳定合作关系，加大人员交流互访的力度，提高机构的国际化水平。政府管理部门要进一步加大对高校人才国际化的支持，在政府间科技合作与交流机制下，支持和鼓励青年科学家之间的合作与交流，加强国际科技合作专项对人才引进的支持力度，吸引世界水平的科学家和有潜力的中青年科学家来华开展合作研究；完善引进和建立高水平创新创业团队的人才政策，围绕国家重大战略目标，有序输送人员到国外知名机构接受培训，培养具有国际视野的优秀科技人才。支持和协助符合条件的科学家和科技管理人员参加国际会议和赴国际组织工作，争取重要国际科技组织在华建立总部或设立分部，提高中国在国际科技组织中的影响力和话语权。

8.3.3 积极参与国际大科学工程和国际论坛

参与、主导国际大科学工程和重大合作计划是提升国际影响力的重要途径，建议政府管理部门加大资金、人员支持力度，鼓励和扶持中国高校积极参与"国际热核聚变实验堆计划"（ITER）"伽利略计划""综合大洋钻探计划"（IODP）"第四代核能系统"等国际大科学工程和研究计划，争取更大的话语权和主导权；持续支持和鼓励中国科学家和科研机构加强能源清洁利用、应对气候变化等领域的研究。积极融入国际高端学术论坛，鼓励高校积极引进和承办国际组织的知名学术论坛，打造有国际影响力的科技学术论坛品牌。

8.3.4 推进国际科技合作基地建设

充分发挥高校特别是研究型大学、专业院校的优势，扶持和鼓励更多的高校建设国际创新园、国际联合研发中心、国际技术转移中心和国际科技合作创新联盟等各类国际科技合作基地。面向国家和地区经济社会发展需求，在能源资源开发利用、新材料与先进制造、信息网络、现代农业、生物与健康、生态环境保护、空间和海洋、公共安全等领域，鼓励国内高校与相关领域的跨国公司加强合作，联合建设一批国际化的联合研究和创新平台。鼓励高校加强与地方政府的合作，充分发挥地方的积极性和创造性，建设更为灵活有效、更加开放的多形式国际科技合作基地。政府管理部门要完善扶持政策，大力支持国际科技合作基地开展国际培训、人才培养和信息服务，提高基地的辐射影响力，使科技合作更好地服务于经济社会发展。

8.3.5 加强与跨国公司在华研发机构的协同创新

充分发挥高校优势，鼓励大学特别是研究型大学积极与跨国企业、研究机构合作，积极推动国际产学研合作创新，构建全球视角的产业技术创新战略联盟，完善实验研究、工程化开发与应用体系。建议政府管理部门要着力优化环境，搭建合作平台，创造交流机会，鼓励高校与跨国公司研发机构开展各种形式的合作交流，进一步促进高校与跨国公司研发机构协同创新。第一，继续鼓励高校与跨国公司研发机构组建联合研究机构。合作研究是技术学习的重要途径。没有合作，就没有技术和知识的溢出。鉴于目前跨国公司在华研发机构大多采取独资控股的方式，很不利于本土机构的技术学习和进步，因此，应制定相关政策和规定，积极引导和鼓励跨国公司与国内高校联合设立实验室等研发机构，并在税收优惠、人才引进、技术和设备进口、土地、承担政府科研项目等方面向中外合作合资的研究机构倾斜。第二，探索建立高校与跨国公司研发机构的人才合作培养机制。通过设立专项基金或合作津贴等形式，鼓励跨国公司研发机构与高校建立人才合作培养机制。具体举措包括：聘请跨国公司研发机构的技术专家和管理专家兼职担任高校和科研院所的硕士博士导师；在跨国公司研发机构建立博士后流动站和教学实习基地，鼓励学生通过参与跨国公司研发机构的研发项目完成其毕业论文；鼓励高校教师到跨国公司研发机构进行业务进修和实训；鼓励和引导高校制定相应的优惠措施，招聘跨国公司的高级管理、技术研发人员兼职担任学科带头人，直接参与高校的科技创新和教学活动。第三，搭建联谊平台，促进中外研发人员交流。举办各种类型的国际论坛，使之作为促进国内高校与跨国公司研发机构科技合作的桥梁。建议政府管理部门划拨专款，用以资助国内高校、企业、科研院所、协会、社会团体等单位与跨国公司在华研发机构共同举办研讨会、交流会、座谈会等，并视会议的性质、影响度、规模给予一定的经费支持。鼓励和引导各学会、研究会、行业协会等科技社团组织，吸收跨国公司研发机构及其研发人才参加，并定期举办沙龙、开设论坛、开展专题研讨和专业培训等活动，为中外研发人员提供全方位、多层次、多场合的交流机会。

8.4　中国高校科技国际化的对策建议

8.4.1　提升战略定位

进一步深化高校的国际科技合作，要从国家利益、民族复兴的全局出发，对现行国际科技合作战略思路进行再认识、再定位，将深化高校科技国际化纳入中国扩大对外开放和国家安全的总体战略中予以通盘考虑。以战略谋划带动政策创新，以认识提高促进能力提升，引导高校以项目研究、人才派出和引进、基地建设为依托，持续提升和完善国际科技合作的层次、领域、方式与成效，不断拓展新空间、提升新层次、开创新局面，努力形成全方位、多层次、广领域的国际科技合作局面，力争实现"三个转变"。建议重点抓好三个方面的工作：第一，以我为主、广借外脑，通过设立国际大科学工程、国际科技合作项目、扩大科技计划对外开放等手段，吸引国外优秀科学家、高端科研机构与国内高校联合开展基础性、前瞻性研究，汇集全球智慧为我服务。第二，聚焦前沿、开展合作，引导高校对接国家战略，从国家创新驱动发展战略需求出发，聚焦前沿领域、重大工程、重点项目开展国际科技合作，积极参与气候变化、能源环保、粮食安全、重大疾病防控等全球性和区域性热点问题的联合研发。第三，着力提升"走出去"的层次，完善相关政策，鼓励中国高校及其科研人员积极参与国际科技学术组织，并力争担任领导职务，支持国内高校引进、承办国际组织的知名学术论坛，自主培育和打造有国际影响力的科技学术论坛品牌，提升中国高校、科研人员在国际学术舞台的话语权。

8.4.2　强化组织管理

政府及高校行政管理部门对国际科技合作的统一管理与协调，是促进高校科技国际化事业持续、健康发展的重要保障，因此，为进一步促进高校科技国际化与交流，无论是政府层面的宏观管理，还是高校内部行政部门之间的协调与整合，都是十分必要的。

第一，政府管理部门要强化协同互动，建立健全统一的资源整合机制。当前，政府部门支持高校开展国际科技合作与交流的资金、政策等资源分散在各个部门，往往造成重复立项、多头管理等不利于高校科技国际化交流的现象和问题。建议国家教育部、科技部、国家自然科学基金委员会以及中国科协、中国工程院、中国科学院等涉及国际科技合作事务的部门之间加强沟通与协调，增加信息交流，避免重复立项和多头管理，在条件允许的情况下，各部门可探索联合对国际科技合作项目进行统一资助，提高资助力度。与此同时，不同部门之间要着眼于完善与高校科技国际化和交流相关的政策体系，提高政策的协调性、针对性和可操作性，进一步完善国家指导性文件以及关于高校科技国际化与交流的科技项目、资金、知识产权、合同等一系列管理办法。

第二，高校内部管理部门要强化协调和统一服务。在高校内部，校级行政机构除了外事部门以外，其他的职能部门在工作中均应具有国际意识，本着有力支持、积极参与的精神，使本部门成为学校国际合作与交流体系的一分子；高校要依据实际情况的不同，鼓励各职能部门不同程度地设置专人处理与国际合作和交流相关的事务。高校在国际科技合作与交流活动中应把各有关管理部门和科技人员有效地组织起来，突出重点，确定国际科技合作与交流的不同层次，并将其分类管理。要建立相应的规章制度，协调各职能部门之间的关系，为科技人员特别是中青年学者参与合作研究、进修访问、出席国际学术会议等有序化管理创造条件。

第三，高校要将国际科技合作纳入学校整体发展战略，制定长远战略规划并一以贯之地执行。明确的战略定位和战略目标、长远科学的战略规划是一项工作做好以及做出特色的重要前提。国际科技合作工作开展得是否成功，关系到高校的长远发展和综合能力的提升，因此，高校都要给予高度重视。高校应把国际科技交流纳入学校整体发展战略，并制定长远的、科学的发展规划和工作计划，确保国际科技合作与交流工作持续、稳定发展。

第四，高校要建立和优化国际科技合作的考核激励机制。教育、科技管理部门要加大引导力度，通过改革科技评价制度，鼓励高校将国际科技合作与交流纳入学院、教师考核体系，健全国际科技合作的激励机制，鼓励教师参与国际合作。高校对教师的国际科技合作要在政策和资金上给予支持，如减免管理费、加大在职称评比中的权重、对国外合作伙伴给予更多的关注、对因科研合作出国给予资助等，以此调动教师参与国际科技合作的积极性和主动性，从而促进学校国际科技合作事业的快速发展（李红军等，2013）。

8.4.3　强化投入保障

国际科技合作交流需要较大的经费投入，要着眼于建立政府财政资金、高校自筹资金和社会资金共同投入体系，扩大国际科技合作资金来源，建立并完善高校科技国际化与交流工作的多元化经费筹集渠道。建立多元化投入渠道，形成中央投入、地方配套和社会资金集成使用的多渠道国际科技合作投入体系，保障高校科技国际化与交流事业持续发展。

第一，进一步加大政府财政资金投入。在国家层面，科技部、国家自然科学基金委员会都设有国际科技合作项目，建议进一步提高对国际科技合作项目的扶持力度，在基础研究、应用基础研究等领域，适当向高校倾斜。在地方层面，建议各地根据经济社会发展情况以及高等教育发展现状制定针对高校科技国际化工作的扶持政策，政府科技、教育管理部门设立国际科技合作专项经费，加大对高校科技国际化与交流工作的资助。

第二，引导高校统筹资金，加大自主投入。引导有条件的高校设立国际科技合作专项资金，鼓励有国际合作意向而又缺乏资金的研究人员申请。同时，对学校获得的国际合作项目进行配套奖励，确保合作项目能够高质量地顺利进行。此外，也可以对建立引智基地和国际科技合作重点科研机构的单位，给予设备、人力和资金的投入，吸引国外杰出人才或优秀创新团队来华开展短期或长期的高水平合作研究工作，从而扩大国际科技合作示范作用（刘玲、杨永齐、喻洪麟等，2009）。

第三，鼓励和吸引社会投入。高校要积极向社会（如企业、个人、国外科研基金、跨国公司、民间科学基金等）筹集国际科技合作与交流工作经费，以弥补单靠政府投入和自身投入的不足。政府科技金融部门要积极探索发展科技金融，鼓励企业对国际科技合作项目成果产业化的投入；积极探索研究风险投资等金融资本参与和跟进国际科技合作项目的渠道与方式，促进国际科技合作成果的良好转化。

第四，优化经费使用方式，提高经费使用效益。目前最突出的是要提高国际科技合作项目经费的人员费，建议政府科技管理部门和财政部门要尽快修改科研经费管理相关办法，在科研经费预算中，要大幅度提高科研人员费和劳务费预算比例，同时扩大人员费和劳务费的支出范围。劳务费中应允许开支直接参加课题研究人员的劳务性费用以及引进人才的费用，明确劳务费可用于博士（后）等高水平研究人员的工资、研究生培养机制改革学费，具体额度根据实际参加项目时间和学校规定的标准确定，从而激励高校聘用高水平的研究人员，切实提高科学研究水平。同时，外事、教育、财政部门要加强沟通，联合支持高校设立外汇专用账号，确保国际科技合作与交流资金专款专用。

8.4.4 强化公共服务

良好的公共服务，包括信息服务、知识产权服务、咨询服务以及政策服务等，是高校开展国际科技合作交流的重要条件。政府管理部门要加大扶持力度，鼓励发展国际化、社会化和专业化的公共服务，引导和鼓励完善国际性的服务功能，打造具有国际竞争力的科技服务体系，提高为高校科技国际化交流服务的水平，免除高校科技人员在国际科技合作交流中的后顾之忧。

首先，要大力鼓励发展国际化的专利服务。高校在开展国际科技合作交流中，对专利检索、技术情报服务具有较大的需求，因此，政府管理部门要充分发挥驻外使领馆、友好城市、海外校友会、海外华人科技社团等非政府组织的作用，及时收集技术信息；通过大力发展专利检索、查新等科技服务机构，加强专利分析、查新等知识产权服务，有效规避国外知识产权壁垒，在跨国并购、跨国知识产权交易等方面，为中国高校提供更加专业化的专利等知识产权服务。

其次，要加快建设国际合作信息平台，促进信息共享和信息服务。实现学校国际合作与交流体系的良性发展。校内不同单位或个人之间在国际合作与交流信息上的联系和协作，是基础性的工作。建议政府相关部门要联合有关高校，在有效整合各部门和各高校科技资源的基础上，着力建设高校科技国际化与交流的公共服务平台，并及时发布相关信息。通过建立跨部门、跨机构的国际科技合作与交流信息的集散平台，为高校获取最新、最前沿的国际科技合作信息提供全面而及时的信息服务。同时，支持和鼓励高校建设校内国际合作信息共享平台，加强信息服务，促进校内信息资源的共享共用，引导高校国际合作与交流管理部门认真汇总和整理信息，对信息进行分类和分析，及时转发有用信息，定期公布和反馈，推动全校信息资源的流通（洪海星，2012；张勇、陈振凤、何海燕，2011）。

第三，加强战略研究，为高校科技国际化提供咨询服务。引导、鼓励和扶持高校、科研院所深入开展国际科技合作战略与政策研究，支持建立国际化的国际科技合作战略与政策研究队伍；加强国别研究，针对不同国家的优势领域、对华政策和科技管理制度，定期发布国别国际科技合作战略分析报告；加强对合作方知识产权保护政策的研究；加强对全球性重大科技问题的战略性研究，及时跟踪和把握国际科技发展的最新动向，为高校开展国际科技合作交流、提高国际化水平、实现国际化发展提供战略研判、管理咨询和政策咨询等服务。

此外，要搭建宣传展示平台，提供宣传服务，加强对高校科技国际化工作的宣传展示，以扩大影响，形成示范效应。鼓励和支持参与国际科技合作的高校建立完善集"资源、管理、宣传"为一体的外事工作网站和学校英文网站，加大对外宣传力度。

8.4.5　强化人才支撑

高校开展国际科技合作所需的人才包括两类：一是直接参与国际科技合作项目的教师、科技人员、创新团队及相关的科研辅助人员（如实验师等），这是高校开展国际科技合作交流的主导力量和核心骨干；二是各类管理和服务人才，主要是从事国际科技合作工作管理和服务的人员，包括高校内部国际合作部门的管理人员。同时，从事各类中介服务（如国外政策研究咨询、国外技术情报收集、外语翻译等）的人才也对高校开展国际科技合作至关重要。因此，强化对高校开展国际科技合作的人才支撑，重点应抓好这三支人才队伍的建设和培育工作。

第一，培育集聚高水平的创新人才团队。高校要注重科研人员的培养，通过定期和不定期的外语培训提高科研人员的外语水平，为科研人员进行国际合作和交流奠定坚实的语言基础。同时，鼓励科研人员尽可能多地参与国际和国内的交流，通过政策支持，鼓励高水平的科研团队脱颖而出，提高国际合作项目执行团队的综合能力。在自身培养高层次科研人才的同时，高校还要充分依托千人计划等人才引进计划，加强高水平科研人才引进，并注重新思想、新方法、新技术的引进，吸引一批在国外具有较好学术影响力的人才和团队回国工作（邢继俊、夏松、董克勤，2013）。

第二，培育和集聚复合型中介服务人才。一方面，要加强中介服务人才的培养，培育复合型中介服务人才。例如，高校可以将商学院、法学院与知识产权学院联合起来，培育一批涉外知识产权服务人才；依托外语学院和相关的专业系科，培养具有较高水平的专业翻译人才。另一方面，要加大引进力度，政府管理部门要探索制定国际合作中介人才认定标准和扶持政策，加强人才引进，将专业从事知识产权管理和转化的人才也纳入"千人计划"，支持引进或聘用海外知识产权高层次人才。

第三，加强国际科技合作管理人员培训。加强对现有管理人员国际科技合作与交流的业务培训，推进管理人才的专业化建设，使他们熟悉对外科技合作交流有关的政策、途径和方法，尤其是国际上通行的规则。通过考核吸收一批外语好、具有较宽泛的科技知识、通晓国际科技合作与交流规则和科技项目管理规则的人员，将他们充实到管理队伍中来。同时，尽量避免出现身兼多职或一职多人的低效和资源浪费现象（张勇、陈振风、何海燕，2009）。

8.4.6 强化知识产权工作

当今世界，知识产权已成为国际竞争的焦点，知识产权国际规则也在发生巨大变革，知识产权国际化趋势明显加快，知识产权已成为各国科技发展的战略性资源。推动建立有效的知识产权制度，已经成为世界关注的重要问题。在国际科技合作中，加强知识产权的创造、保护和运用显得尤为重要。政府管理部门要着力优化知识产权工作环境，完善知识产权法律法规体系，同时加大政策扶持力度，鼓励和引导参与国际科技合作交流的高校，不但要保护好自身的知识产权，更重要的是，通过国际科技合作创造并掌握自主知识产权，提高对全球科技、产业的掌控能力。

第一，着力完善涉外知识产权保护法律法规体系。建议政府管理部门借鉴发达国家有关高校科技国际化知识产权保护的经验和做法，加强涉外知识产权立法，完善知识产权保护的法律法规体系。一些发达国家和地区在国际科技合作的知识产权立法方面积累了相当丰富的经验，如美国法律允许大学对政府资助的研究成果拥有完全控制权；英国政府规定，政府所资助的研究项目的知识产权无偿归高校所有，高校是知识产权的管理和经营者；法国政府根据知识产权法规定，无论是公共或私立单位的科研人员的发明所有权归其所在科研单位。中国应充分借鉴发达国家的有益做法，在条件成熟的时候，制定一部专门性的法律或行政条例来规范高校参与的国际科技合作活动中的知识产权归属问题（王喜媛、叶明、张宏旗，2009）。

第二，着力加强知识产权保护工作。在参与国际科技合作交流中，既要保护对方的知识产权，也要十分注意保护我方的无形资产和共同研发的科技成果。建议政府部门出台政策措施，在审批国际科技合作项目时，规定通过合作创新所取得的科技成果等知识产权必须共享，可以转让给第三方。同时，加快建立健全中国的知识产权保护体系，建议政府科技、商务、知识产权等主管部门针对中国高校在国际科技合作中出现的知识产权问题和案例，加强研究和指导，提出可操作的管理办法，特别要防止国内高校科研人员流向国外研究机构或跨国公司研发机构时非法携出我方科研成果。通过各种渠道大力宣传和普及知识产权知识，加强对知识产权人才的培养，积极推进面向大学生、研究生的知识产权的普及工作；面向教师和管理人员，开展知识产权教育和能力培训，提高处理国际科技合作项目所涉知识产权事务的能力和水平，提高高校及科技人员的知识产权保护意识。

第三，扩大知识产权对外交流合作。建立和完善知识产权对外信息沟通交流机制，按照平等互利、成果共享、保护知识产权、尊重国际惯例的原则，妥善处理好与其他合作方的知识产权关系，以及合作过程中可能出现的知识产权问题，有效维护自身的合法权益，确保国际科技合作项目的顺利进行。支持高校积极参与国际知识产权秩序的构建，积极开展知识产权人才培养的对外合作，引导公派留学生、鼓励自费留学生选修知识产权专业。加强国际和区域知识产权信息资源及基础设施建设与利用的交流合作。积极参与多边知识产权活动，促进技术合作。

第四，鼓励申请海外专利。为支持国内申请人积极向国外申请专利，保护自主创新成果，中央财政从 2009 年起设立了资助向国外申请专利专项资金，并制定了《资助向国外申请专利专项资金管理暂行办法》（财建［2009］567 号），此后，包括上海在内的许多地方都出台了关于资助向国外申请专利的实施办法，并取得了良好成效。建议各级政府管理部门要进一步加大力度，支持和鼓励高校科技人员申请国外知识产权，加大对申请或获得 PCT 专利授权的奖励、资助力度。

主要参考文献

[1] 薛澜，苏竣等. 中国高等学校国际科技合作与交流战略研究. 北京：中国人民大学出版社，2007.

[2] 秦少华. 高校科研的特点及管理建议. 教育教学论坛，2012 (2)：178-179.

[3] 王春法. 充分发挥科技社团在国家创新体系建设中的作用. 学会，2008 (4)：17-19、31.

[4] 张琼. 我国高校国际科技合作与交流问题研究. 商丘师范学院学报，2008 (8)：58-59.

[5] 来诗卉. 研究型大学国际合作科技创新的研究——基于 ZU 大学 SCI 论文数据的计量分析. 浙江大学硕士学位论文，2012 (5).

[6] 焦汉玮，马军. 北京市高校、科研院所在国际科技合作中的现状分析. 科研管理，2008 (S1)：47-51.

[7] 范爱红等. 国外研究型大学国际合著论文的比较研究. 情报杂志，2013 (11).

[8] National Science Board (US). Science & Engineering Indicators. National Science Board，2014.

[9] 胡智慧. 国际科技合作政策与战略. 北京：科学出版社，2009.

[10] BMBF：Bundesbericht Forschung und Innovation 2014，Berlin，2014，http：//www. bmbf. de/pub/bufi_2014. pdf .

[11] 日本科技创新态势分析报告课题组. 日本科技创新态势分析报告. 北京：科学出版社，2014.

[12] Lu，Carmen. Undergraduate teaching requirement a myth. Yale Daily News，October 15，2009.

［13］Times Higher Education World Reputation Rankings. Times Higher Education［03－01－2015］.

［14］杨福玲. 大学国际化发展与管理研究. 天津大学博士论文，2011.

［15］Flexner, S B. The Random House Dictionary of the English Language. Second Edition. New York：Random House, 1987：404－2079.

［16］The University of Tokyo.（2005）. The University of Tokyo internationalization promotion plan 2005—2008. Retrieved Oct. 1，2008，from http：// dir. u-tokyo. ac. jp/en/ut/suishinkeikaku-e. pdf.

［17］徐占忱. 国际科技发展分析与展望. 国际经济分析与展望（2012—2013），2013：11.

［18］杜红亮，冯楚建. 近年来世界科技发展趋势分析. 科技与法律，2010（1）：6－10.

［19］冯飞. 第三次工业革命是生产和生活方式的重大变革. 中国党政干部论坛，2013（10）：11－14.

［20］白春礼. 世界正处在新科技革命前夜. 科技导报，2013（7）：15－17.

［21］杨世伟. 国际产业发展分析与展望. 国际经济分析与展望（2012—2013），2013：20.

［22］郑明高. 产业融合：产业经济发展的新趋势. 北京：中国经济出版社，2011.

［23］靳晓明. 2012 年全球科技创新趋势. 中国科技产业，2013（3）：40－45.

［24］李盛竹. 科研全球化背景下的中国高校国际科技合作对策. 社会科学家，2010（10）：63－66.

［25］陈昌贵. 国际合作：建设世界一流大学的重要选择. 清华大学教育研究，2001（3）：55－60.

［26］李延瑾. 高校开展国际科技合作与交流的认识及思考. 研究与发展管理，1997（2）：57－59.

［27］高珣. 大学国际化趋势下的国际合作交流. 旅游学刊——人力资源与教育教学特刊，2006（1）：97－100.

［28］赵立涛. 高校开展国际科技合作的思考. 科技创新与应用，2012（19）：262－263.

［29］李红军，任蔚，高茹英等. 我国高校国际科技合作特点及建议. 农业科技管理，2013（2）：22－25、54.

［30］刘玲，杨永齐，喻洪麟等．高校科技管理创新与科技合作国际化研究．技术与创新管理，2009（1）：25-28.

［31］洪海星．高校国际合作与交流体系的构建．福建教育学院学报，2012（1）：28-30.

［32］张勇，陈振凤，何海燕．高校国际科技合作与交流的管理体制创新．科技进步与对策，2009（10）：142-144.

［33］王喜媛，叶明，张宏旗．高校在国际合作与交流中的知识产权保护与管理．中国高校科技与产业化，2009（3）：74-75.

［34］邢继俊，夏松，董克勤，等．高校参与中欧科技合作问题分析和对策．中国科技论坛，2013（4）：155-159.

［35］Chesbrough H W. Open innovation：The new imperative for creating and profiting from technology. Harvard Business Press，2003.

［36］张琼，李富明．论高校科技创新教育的新思路．科技管理研究，2010（1）：97-98.

［37］秦少华．高校科研的特点及管理建议．教育教学论坛，2012（2）：100.

［38］徐占忱，肖广岭．创新型国家建设中的社会性基础培育．中国软科学，2008（6）：48-55.

［39］李红军，高茹英，任蔚等．科技全球化背景下国际科技合作及其对中国的启示．科技进步与对策，2011，28（11）：14-18.

［40］陈振凤，何海燕．高校国际科技合作与交流存在的问题及建议．高教发展与评估，2011，27（1）：55-59.

［41］吕磊，马军，陈林峰等．基于政府视角的国际科技合作模式研究．科研管理，2008（S1）：80-84.

［42］徐冠华，邓楠，冯之浚等．未来中国科技发展的战略选择（三）．中国软科学，2003（6）：1-23.

［43］白春礼．落实科教兴国战略的思考．科学学与科学技术管理，2005，26（2）：5-11.

［44］白春礼．科技与教育的结合是21世纪"科教兴国"战略发展的重要趋势——研究生教育创新的战略思考．科学时报，2003-10-28.

［45］靳晓明．中国科技国际化战略和国际科技合作现状．中国高新区，2012（11）：25-27.

［46］陈昌贵，翁丽霞．高等教育国际化与创新人才培养．齐齐哈尔工程学院学报，2008，2（2）：26-31.

［47］赵刚，邢继俊. 关于中日韩科技合作的战略思考. 中国科技论坛，2006（2）：28-32.

［48］邢继俊，赵刚. 自主创新与国际合作并行不悖. 中国科技财富，2010（11）：3.

后　记

国际科技合作既是提高国家科技创新能力的重要途径，也是国家推进科技外交的重要手段。由于科技在国家综合国力中所占比重越来越大，同时由于科技系统本身亦逐渐成为大国间相互围堵和攻击的对象，科技外交正逐步走上国家大外交的核心位置和前沿舞台。当前，我国正处于和平崛起与发展转型的关键期，在国际上面临着比经济封锁更为严酷的科技封锁，大力发展国际科技合作不仅有助于提升我国自主创新能力，而且也有助于改善我国国际形象，打破外部围堵，为民族发展开辟新的战略空间。在此背景下，应从国家大战略高度和大外交视角重新规划高校的国际科技合作，要充分发挥高校科技人才多、外部人脉广、国际交流频繁的优势，强化高校科技活动"走出去"，使高校国际科技合作服务于国家总体外交和民族复兴大业。

正是基于上述认识，我们承担了教育部科技委战略研究重大课题"高校国际科技合作的现状、问题与发展战略研究"，在项目研究的基础上，课题组通过教育部科技委《专家建议》向中央有关领导和部门提交了《以高校为主阵地推进国际科技合作》《关于深化高等学校国际科技合作的建议》等多篇有价值的研究专报。本书是在这一课题成果报告的基础上修改而成。

本书是课题组集体研究的成果，本人为该课题负责人和书稿的主要执笔人，参与课题研究和书稿撰写的主要人员有张仁开、龚利、翟庆华等，王倩倩、林宇和胡小立等同学参与了课题研究的资料收集和部分文字报告的撰写。感谢中国科学院科技政策与管理科学研究所所长穆荣平研究员、中国科学院文献情报中心胡智慧主任和黄群研究员等专家对本研究给予的指导和帮助。感谢清华大学、上海交通大学、华东师范大学相关部门的领导和老师为课题研究提供的帮助。课题研究自始至终得到了教育部科技委各位领导的指导，特别要感谢秘书处朱小萍处长给予的指导和大力支持。同时要感谢中国人民大学出版社的编辑为本书的编辑出版所付出的辛劳。

由于我们水平有限，书中难免有错误和疏漏，敬请读者谅解和批评指正！

杜德斌

2015 年 5 月 30 日

图书在版编目（CIP）数据

高校科技国际化：国际经验与中国的实践/杜德斌等著. —北京：中国人民大学出版社，2015.10
ISBN 978-7-300-21945-5

Ⅰ.①高… Ⅱ.①杜… Ⅲ.①高等学校-科学研究工作-国际化-研究-中国 Ⅳ.①G644

中国版本图书馆 CIP 数据核字（2015）第 227099 号

教育部科学技术委员会战略研究重大专项

高校科技国际化：国际经验与中国的实践

杜德斌　张仁开　龚　利　翟庆华　著

Gaoxiao Keji Guojihua：Guoji Jingyan yu Zhongguo de Shijian

出版发行	中国人民大学出版社			
社　　址	北京中关村大街 31 号		**邮政编码**	100080
电　　话	010－62511242（总编室）		010－62511770（质管部）	
	010－82501766（邮购部）		010－62514148（门市部）	
	010－62515195（发行公司）		010－62515275（盗版举报）	
网　　址	http://www.crup.com.cn			
	http://www.ttrnet.com（人大教研网）			
经　　销	新华书店			
印　　刷	北京易丰印捷科技股份有限公司			
规　　格	170 mm×228 mm　16 开本		**版　　次**	2015 年 10 月第 1 版
印　　张	9.5 插页 1		**印　　次**	2015 年 10 月第 1 次印刷
字　　数	167 000		**定　　价**	29.80 元